Anonymous

Zur Geschichte der evangelischen Gemeinde zu Linz in Oberösterreich

Anonymous

Zur Geschichte der evangelischen Gemeinde zu Linz in Oberösterreich

ISBN/EAN: 9783743391789

Hergestellt in Europa, USA, Kanada, Australien, Japan

Cover: Foto ©ninafisch / pixelio.de

Weitere Bücher finden Sie auf **www.hansebooks.com**

Zur Geschichte
der
evangelischen Gemeinde
zu Linz
in Ober-Oesterreich.

> Und lasset uns unter einander unser selbst
> wahrnehmen mit Reizen zur Liebe und
> guten Werken.
> Ebr. 10, 24.

Der Reinertrag ist für die in der Gemeinde bestehende evangelische Waisenstiftung bestimmt.

Linz 1862.
Selbstverlag der evangelischen Waisen-Stiftung in Linz.

Allen

in Christo getreuen Freunden

der

Gustav-Adolf-Stiftung,

insbesondere

dem

hochgeehrten Central-Vorstande

in

Leipzig

in treuer Dankbarkeit gewidmet.

Vorrede.

Sie, die von Tausenden gesegneten Männer und Frauen jener unter Gottes Hut stehenden evangelischen Liebesstiftung, Sie haben unser Werk in Linz in wahrhaft christlicher Opferfreudigkeit aufrichten helfen. Oft wollten wir verzagen und wurde uns bange, wie wir das begonnene Werk fortführen und vollenden werden können; aber der Herr ließ seine Gläubigen nicht zu Schanden werden und erweckte ihnen Helfer in der Noth, die das aufwachsende junge Pflänzlein im Garten Gottes nie aus den Augen ließen, bis daß es groß und stark geworden eine christliche Gemeinde unter den übrigen ebenbürtig stand und mit dem Stab des Glaubens in der Hand die Gotteswege in dieser Zeit mit Zuversicht wandeln konnte. Wenn Sie, Geliebte in dem Herrn, die nachfolgenden Blätter durchlesen, so werden gewiß auch Sie sich freuen, wie ja auch wir in Linz fröhlich sind in dem Herrn über das, was uns zu Theil geworden ist. Sie haben sich unter uns für alle Zeiten ein Denkmal des alle Völker des Erdballs verbindenden Glaubens und der ewigen Liebe aufgebaut, davon mit tiefem Dank bis an das Ende der Zeiten das Wort geredet werden wird: Das hat der Gustav-Adolf-Verein gethan! Der treue Herr des Himmels aber, der ins Verborgene sieht, wolle Ihnen so große Liebe reichlich vergelten, hier zeitlich und dort ewiglich und allen unsern Wohlthätern nach seiner Verheißung lohnen! —

Und wir Glaubensgenossen in Linz, wir können unsern armen Dank für so reiche und unverdiente Gnadenwohlthaten Gottes nicht anders an den Tag legen, als daß wir unverbrüchliche Treue halten im Glauben und in der Liebe und wachsen in dem, der das Haupt ist, Christus. Laßt uns nicht zurückstehen vor den Andern; wo wir selbst so reiche Liebe erfahren haben, lasset unsere Herzen von derselbigen Liebe entflammt werden. Denn also will es der Herr! — Das predigt er uns in seinem heiligen Worte und in dem Werk, das unsere Augen sehen.

Und zum Schluß noch ein Wort über den Inhalt dieses Büchleins. Die Geschichte der alten Zeit in unserem Lande und in unserer Stadt Linz ist zumeist nach dem Werke B. Raupachs: „Evangelisches Oesterreich" gearbeitet. Der Darstellung der neueren Bewegungen, der Entstehung, des kleinen Anfangs, der Fortführung und endlichen Herstellung unseres kirchlichen Gemeinwesens liegen Aktenstücke zu Grunde, deren Inhalt jenen unter uns bekannt ist, die an dem ganzen Werke unserer kirchlichen Einrichtung mitgearbeitet haben. Es kam hierbei nur darauf an, jene Aktenstücke so aneinander zu reihen, daß die Erzählung unserer Kämpfe und Siege, unserer Leiden und Freuden ein treues Bild der Vergangenheit und Gegenwart gibt, zur Erinnerung für uns, zur Aneiferung für unsere Nachkommen. Das Büchlein kann, bei aller Treue und Wahrheit des Gegebenen, keinen Anspruch darauf erheben, jeden einzelnsten Zug, jede kleinste Begegnung mit in den Kreis des Dargestellten hereingezogen zu haben. Es will nur die Hauptzüge der Wunderthaten Gottes erzählen, deren Zeugen wir gewesen sind. Daher wird Mancher seinen Namen vergeblich darin suchen. Das wollen die freundlichen Leser dem Verfasser nicht allzuübel auslegen — er schrieb Niemand zu Lieb oder Leid, allein zur Ehre Gottes!

Da der Reinertrag der evangelischen Waisenstiftung in Linz gehört, mögen diese Blätter der erbarmenden Liebe aller Gläubigen auf das Wärmste empfohlen sein.

Einleitung.

Die alte Zeit.

Indem ich dir, lieber Leser, die Geschichte der evangelischen Gemeinde Linz erzählen will, wirst du wohl auch neugierig sein, einen Blick in jene Zeit zu thun, von der du vielleicht schon gehört hast, daß es damals viele Evangelische in allen österreichischen Erblanden, also auch in Ober-Oesterreich gab. Du wirst fragen: wie kam denn der evangelische Glaube ins Land herein? und wie ging es denn zu, daß er für eine lange Zeit wie verschwunden schien. — Dieweil du ein Herz hast für die Freuden und Leiden deiner Vorfahren, so sollst du in dieser Einleitung auch die Schicksale der evangelischen Kirche in Oberösterreich während und nach der Reformation erfahren. Da bekömmst du zu gleicher Zeit Antwort auf die obigen Fragen und wirst dich überzeugen, daß jene doch Recht haben, welche sagen: der Herr hält seinen Arm über seiner Kirche, Christus ist der allmächtige König derselben, er läßt wohl eine Zeit der Prüfung über sie kommen, aber nach der Bewährung führt er sie wiederum aus aller Trübsal heraus und stellt sie herrlicher hin denn je zuvor. Doch laßt hören!

Aus der Kirchengeschichte wissen wir, daß gegen die Verderbnisse der alten Kirche, gegen die Habsucht und Sittenlosigkeit vieler Priester derselben in verschiedenen Zeiten Männer auftraten, welche alles Bestehende an dem Worte Gottes maßen und gegen das allgemeine Verderben mit dem höchsten Ernste und heiligen Zorne ankämpften. Peter Walbus, ein einfacher Kaufmann aus Lyon in Frankreich, voll Liebe zu Gott und dem treuen Heiland, zog gegen Ende des 12. Jahrhunderts in seinem Vaterlande umher und predigte das reine Evangelium; seine Anhänger nannten sich Waldenser und zeichneten sich durch reine Sitten und frommen Wandel aus. Trotz der Verfolgung durch Feuer und Schwert konnten sie doch nicht ausgerottet werden, ja im 13. Jahrhunderte waren sie über ganz Europa ausgebreitet. Sie fanden auch in Oesterreich einen großen Anhang und als einer ihrer Prediger im 13. Jahrhunderte zu Wien auf dem Scheiterhaufen verbrannt werden sollte, bekannte er, daß sich im Lande und in den benachbarten Provinzen über 80.000 Waldenser aufhielten, welche alle mit den Lehren des Papstthums nicht übereinstimmten.

Im 15. Jahrhunderte erhielt diese religiöse Bewegung in Oesterreich, welche im Laufe der Zeit keineswegs erstickt worden war, sondern wie ein Funke unter der Asche fortglomm, eine neue Nahrung durch die Anhänger des böhmischen Reformators Johannes Huß. Als sich aus diesen die böhmischen Brüder herausgebildet hatten, schickten sie (1467) eine Gesandtschaft an die Waldenser in Oesterreich, um mit ihnen über die herzustellende Glaubenseinheit zu verhandeln.

Und Gott lenkt die Herzen der Mächtigen wie Wasserbäche und macht sie zu Werkzeugen beim Aufbau seines heiligen Reiches. Kaiser Maximilian I. war dem Evangelio nicht abgeneigt und erkannte, daß dem betrübenden Zustande in der Kirche ein Ende gemacht werden müsse; er erließ (1510) ein scharfes Edikt wider die Habsucht der Geistlichen, ermahnte (1511) das Concil zu Pisa, für die Herstellung der Würde der Kirche etwas zu thun, verbot (1512) das Gotteslästern und Zusaufen und stellte sich (1515) dem ärgerlichen Ablaßhandel entgegen. 1517 trat Luther auf mit seinen 95 Sätzen und jagte die Welt in Brand.

Maximilian I. las 1518 auf dem Reichstage zu Augsburg diese Sätze und meinte zu dem Rath des Kurfürsten von Sachsen: „Diese Thesen seien nicht zu verachten und würde dieser Mönch mit den Pfaffen ein Spiel anfangen;" und den Kurfürsten selbst ließ er ermahnen, „er solle diesen Mönch fleißig bewahren, weil es sich zutragen möchte, daß man seiner bedürfe."

Bei dem aus alter Zeit vorhandenen Stoffe war es nicht anders möglich, jene Thaten, die zu Wittenberg geschehen waren, und die Schriften Luthers, die sich in aller Welt verbreitet hatten, erregten auch in Oesterreich ein ungeheures Aufsehen, reizten das Volk zum Nachdenken, und es ist keine bloße Vermuthung, daß Erzherzog Ferdinand, als er 1521 in den Besitz der österreichischen Erblande gelangte, die Entdeckung machte, die lutherische Lehre habe sich in seinem Gebiete bereits sehr weit verbreitet. Durch wen sie hereingekommen war, wo sie in Oesterreich zuerst Anhang fand — das wissen wir nicht. Sie war eben da, und das konnte Niemand abläugnen.

Daß sie durch die Gnade Gottes immer weiter um sich griff und von Jahr zu Jahr die Bekenner des evangelischen Glaubens sich mehrten, besonders unter den Herren vom Adel und den Ständen, daran kann auch nicht gezweifelt werden. Einen deutlichen Beweis dafür liefert jener Vertrag, der auf dem Reichstage zu Regensburg im Jahre 1524 zwischen dem Kaiser Karl V., Erzherzog Ferdinand und anderen Fürsten und Bischöfen zu Stande kam, kraft welchem jeder Einzelne von ihnen für sein Gebiet sich verpflichtete, dahin zu wirken, daß keine Neuerungen in Religionssachen angerichtet; die verehelichten Priester hart bestraft, die in Wittenberg studierende Jugend zurückgerufen, Luthers Schriften streng verboten und kein flüchtiger Lutheraner aufgenommen werden solle. Aber alles menschliche Mühen war vergeblich! Die Landstände besonders waren schon zu tief eingedrungen in die Lehre des Evangeliums, als daß sie durch Verbote von der erkannten Wahrheit hätten abgebracht werden können; viele Herren vom Adel waren mit

1*

Luther innig befreundet und standen mit ihm in Briefwechsel, z. B. Bartelmä von Stahremberg, Christoph von Jörger auf Tollet und Andere. Ja Luther sandte sogar auf das Ansuchen Einzelner evangelische Prediger nach Ober-Oesterreich! Der erste unter diesen war Michael Stiefel, ehedem Augustinermönch zu Eßlingen in Württemberg. Schon 1520 hatte er einige kleinere Schriften zur Vertheidigung Luthers geschrieben, um deren willen er aus dem Kloster flüchten mußte. Er ging nach Wittenberg und lernte dort Luthern persönlich kennen, der ihn im Jahre 1525 dem Ritter Christoph von Jörger auf Tollet als Prediger empfahl. Stiefel blieb bei Jörger bis 1527, in welchem Jahre er sich wegen der Nachstellungen seiner Feinde flüchten mußte. Denn König Ferdinand hatte am 20. August 1527 ein scharfes Mandat gegen die Lutherischen erlassen und neben andern Gewaltthätigkeiten wurde Stiefels Freund, Leonhard Kahser, in Schärding verbrannt; einem vielleicht gleichen Schicksale wollte Stiefel sich entziehen.

Aber je schärfer man gegen die Evangelischen verfuhr, desto mehr schien sich ihre Lehre zu befestigen; und als im Jahre 1528 eine allgemeine Kirchenvisitation angeordnet wurde, stellte es sich heraus, daß das Lutherthum bei Weitem schon die Oberhand im Lande habe. Nun meinten aber auch die evangelischen Stände daran denken zu müssen, daß ein ordentlicher evangelischer Gottesdienst im ganzen Lande eingerichtet werde. Sie baten deßhalb 1532 bei König Ferdinand in Innsbruck um freie Religionsübung. Allein, was vorherzusehen war, das geschah — die Stände wurden mit ihrer Bitte abgewiesen. Deßungeachtet wuchs die Zahl der Anhänger des Evangeliums und gleichzeitige Schriftsteller berichten, daß im Jahre 1538 an fünfzehnhundert römisch-katholische Pfarrstellen in Oberösterreich unbesetzt waren. Um diese rasende Abnahme des Papstthums zu verhindern, verfiel man auf allerlei Mittel — keines schlug an. So erließ König Ferdinand am 3. April 1539 ein Mandat, in welchem allen seinen Unterthanen aufgetragen wurde, die in

Wittenberg studierende Jugend zurückzurufen. Allein das Gebot
blieb unbeachtet, man hielt sich vielmehr immer fester an das
Evangelium und suchte die im Lande sich heimlich aufhaltenden
Prediger auf, um sich in der Lehre zu kräftigen. Man fahndete
freilich nach denselben und suchte sie überall auf und wo man
Einen fand, trieb man ihn ohne Barmherzigkeit zum Lande hinaus
— aber man konnte sich der Bekenner der evangelischen Lehre gar
nicht erwehren, und selbst am königlichen Hofe hatte der Erb-
prinz Erzherzog Maximilian den Wolfgang Schiefer zum Lehrer,
dessen evangelisches Bekenntniß erst 1539 entdeckt wurde, wornach derselbe allerdings augenblicklich sich entfernen mußte.

Am 13. Dezember 1541 überreichten die Stände dem
König Ferdinand abermals eine Bittschrift, in welcher sie um
freie Religionsübung baten; die Antwort erfolgte am 13. Jänner
1542. Das Ansuchen wurde abgeschlagen und die Stände er-
mahnt, in der Religion keine Veränderung noch Neuerung vorzunehmen, bis ein allgemeines Concil die Religionsstreitigkeiten
geschlichtet hätte und ein friedliches Uebereinkommen getroffen
wäre. Allein theils war von einem solchen Concil für die
Evangelischen nichts zu erwarten, theils waren der Veränderungen
und Neuerungen in Ober=Oesterreich schon viele vorgenommen
worden. Denn als im Jahre 1544 der Bischof von Wien,
Friedrich Nausea sich heftig beklagte über einen Befehl der
österreichischen Regierung, daß gegen die Ketzer keine Inquisition
anzustellen, auch die im Banne Befindlichen vom Abendmahl
nicht auszuschließen seien, und der Bischof seinen Entschluß aussprach, sein Amt niederzulegen, schrieb der Dr. Juris Johann
Martin Stella in Wien deßhalb an den Kardinal Moronus,
Bischof zu Modena, dieser möge doch der ganz verfallenen
Kirchenjurisdiktion in Oesterreich zu Hilfe kommen, es wäre
großer Schade für die alte Religion, wenn Nausea abdanken
wollte, es fehle an geschickten Leuten in Oesterreich, in allen
österreichischen Erblanden sei kein einziger, der geschickt wäre,
auf einem Concil ein Wort zu reden; in Ober=Oesterreich seien

an einigen Orten die alten Kirchengebräuche abgeschafft und der neue Gottesdienst eingeführt.

Wie in Ober-Oesterreich, so hatte auch in den übrigen österreichischen Erblanden die evangelische Lehre bis zu diesem Zeitpunkte mächtige Eroberungen gemacht; freilich war auch an allen Orten die Bedrückung dieselbe. Die Stände der einzelnen Länder vereinigten sich nun zu einem gemeinschaftlichen Schritte und die Abgeordneten derselben aus Ober- und Niederösterreich, Steiermark, Kärnthen und Krain tagten vom 1. bis 20. September 1547 in der Stadt Steier und übergaben die gemeinsamen Religionsbeschwerden und das Gesuch um endliche Gewährung der freien Religionsübung 1548 auf dem Reichstage zu Augsburg dem König Ferdinand. Sie wurden abermals abgewiesen, und in demselben Jahre noch dazu das Verbot, welches gegen den Aufenthalt der studierenden Jugend in Wittenberg gerichtet war, zum zweiten Male erneuert und für das Studium die Universitäten zu Wien, Freiburg im Breisgau und Ingolstadt angeordnet. Allein das Alles konnte den Fortschritt des Evangeliums und den immer stärkeren Verfall der römischen Kirche nicht aufhalten; ja bis zum Jahre 1551 blieben sogar viele römische Pfarren und Schulen in Ober-Oesterreich unbesetzt, während die Evangelischen, obgleich der Bestand der Augsburgischen Confession gesetzlich noch nicht gesichert war, überall für den Unterricht der Kinder sorgten und die Jugend in der lutherischen Lehre unterweisen ließen — ein Mittel, durch welches die Neuerungen in der Kirche nur noch sicherer gediehen.

Doch war bereits der Todfeind der Evangelischen in der Welt aufgetreten und hatte Macht und Einfluß gewonnen. Am 15. August 1534 stiftete der Spanier Ignaz von Lojola mit mehreren Gesinnungsgenossen in der Kirche des Nonnenklosters auf dem Montmartre bei Paris eine Verbrüderung, die am 27. September 1540 durch den Papst Paul III. als der Orden der Gesellschaft Jesu oder der Jesuiten feierlich bestättiget wurde. Dieser Orden wollte den vernichtenden Kriegszug gegen die

Evangelischen führen. Am letzten Mai 1551 erschienen die ersten Jesuiten in Wien und bald darauf konnte man bemerken, daß ihr Eifer gegen die Bekenner der evangelischen Lehre bereits zu wirken begann. Am 1. August 1551 erschien ein Patent, welches den Unterricht in der evangelischen Lehre streng verbot und am 20. Februar 1554 ein neues Edikt gegen die Neuerungen in der Religion. Aber die Stände ließen sich nicht einschüchtern noch ermüden, sie baten stets wieder und immer dringender um freie Religionsübung. König Ferdinand wollte ihnen nichts gewähren und sprach die Hoffnung aus, die Stände würden sein Edikt in aller Unterthänigkeit annehmen (23. Juni 1554); diese aber erwiederten: sie ehreten die Obrigkeit, allein die Obrigkeit solle auch die Gewissen nicht beschweren.

Endlich nach langem Bitten und vielem Hin- und Herschreiben bewilligte Ferdinand 1556 den Genuß des heiligen Abendmahles unter beiderlei Gestalt und der Papst Pius IV. bestättigte diese Erlaubniß durch ein Breve vom 16. April 1564. Am 25. Juli 1564 starb Ferdinand (seit 1558 deutscher Kaiser) und sein Nachfolger in der Regierung der österreichischen Länder und auf dem deutschen Kaiserthrone war Maximilian II, ein Mann, auf den die Evangelischen große Hoffnungen setzten. Und wirklich erlangten sie auch unter ihm die lange, bisher vergeblich ersehnte Religionsfreiheit. Zwar ließ er seine Stände Anfangs etwas hart an; denn als dieselben auf den 24. November 1566 nach Wien gefordert waren und sie daselbst um freie Religionsübung baten, ließ der Kaiser ihnen sagen: er wolle ihr Gewissen nicht beschweren, es sollte ihnen frei stehen, ihre Güter zu verkaufen und aus Oesterreich zu wandern. Als er aber 1568 auf dem Landtage zu Linz erschien, gewährte er durch ein Edikt vom 7. Dezember den evangelischen Herren und Rittern freie Religionsübung und erlaubte auch den sieben Städten Linz, Steier, Wels, Enns, Freistadt, Gmunden und Böcklabruck, welche den vierten Stand ausmachten, evangelische Prediger halten zu dürfen. Die feierliche Assekuration erfolgte wie für Nieder-, so auch für Ober-Oesterreich 1571. An dieser Verzögerung waren die Verhandlungen wegen der Kirchenagenda schuld, die für Nieder-Oesterreich von David Chyträus ausgearbeitet, von Anderen aber umgeändert war. Der Kaiser wollte, daß auch die oberösterreichischen Stände diese Agenda in Gebrauch nehmen sollten; diese aber sträubten sich dagegen und gaben an, es wären viele unnöthige Gebräuche aufgenommen. Die Agenda wurde in Ober-Oesterreich nie eingeführt; für jetzt wurden die in den Kirchen bisher gebrauchten Agenden beibehalten.

Am 12. Oktober 1576 starb Kaiser Maximilian II. — Leider viel zu früh für alle jene, welche seinen hohen Werth und seine Manneswürde erkannt hatten. Die Evangelischen hatten nur eine kurze Zeit der Ruhe und des Friedens genossen, und obwohl der neue Herrscher Rudolf II. den Ständen die von Maximilian verbriefte Religionsfreiheit 1576 durch eine Urkunde feierlich bestättigte, so konnte man doch bald merken, daß neue Kämpfe nicht lange auf sich würden warten lassen. Kleine Neckereien waren wohl nie ausgeblieben, aber nun machte man sich auch wieder an den Versuch, den Evangelischen die kaum errungene Freiheit zu verkümmern oder gar zu vernichten. Der erste Angriff geschah in Linz, wo seit längerer Zeit in der Landhauskirche evangelische Gottesdienste gehalten wurden. In Wien waren dieselben bereits eingestellt, nun sollte es auch in Linz geschehen; aber die Stände wehrten sich unerschrocken und verfaßten am 5. September 1578 ein Dekret, in welchem sie erklärten, den römischen Priestern zwar ihre Einkünfte zu belassen, aber an den eigenen Gottesdiensten unverbrüchlich festzuhalten. Und wirklich ist uns von da an bis zum Jahre 1601 eine ununterbrochene Reihe von Predigern im Landhause zu Linz bekannt, so daß wir sagen können, die Stände haben ihr Vorhaben durchgesetzt, wenn auch nicht ohne mancherlei Anfechtungen.

Einen schweren Schlag brachte den Evangelischen der im Jahre 1594 begonnene oberösterreichische Bauernaufstand, der besonders im Mühl- und Hausruckviertel arg wüthete. Der Aufruhr nahm seinen Anfang, als in St. Peter, einem Dorfe des Hausruckviertels, die erledigte Pfarrstelle durch einen römischen Geistlichen von dem Propste des Stiftes St. Florian besetzt wurde. Die Bauern wollten einen evangelischen Geistlichen und bezeigten sich im höchsten Grade unzufrieden. Der Funke glomm unter der Asche fort, bis 1595 der Aufruhr in vollen Flammen ausbrach und über einen großen Theil des Landes Verwüstung brachte. Zwar wurde er 1597 gedämpft und an den meisten Orten katholische Pfarrer eingesetzt, aber, obgleich die Stände keinen Antheil an dieser beklagenswerthen Begebenheit hatten, sie sollten dennoch auch darunter leiden. Ein kaiserliches Religionspatent vom 12. August 1596 erklärte, daß die Erlaubniß des öffentlichen freien Religions-Exercitiums sich nicht beziehe auf Sr. Majestät Städte und Märkte, auch nicht auf jene Schlösser und Häuser, welche zwar den einzelnen Herren aus den Ständen gehörten, aber nicht von ihnen bewohnt und nur von deren Pflegern verwaltet wurden; ebenso wurde befohlen, daß die im Landhaus zu Linz aufgerichteten Schul- und Kirchenministeria abgeschafft werden. Es geschah dieß auch wirklich mit Gewalt; aber noch in demselben Jahre, 1596, wurde im Landhause Schule und Kirche wieder eingerichtet, zuerst in aller Stille, sodann aber in feierlicher Weise, indem wieder zwei evangelische Prediger bestellt und der Zutritt Jedermann gestattet wurde. Erzherzog Mathias erließ zwar ein Verbot dagegen, aber es fruchtete nichts; — die Stände beriefen sich auf ihre verbriefte Religionsfreiheit, und hielten nicht nur in Linz, sondern auch auf allen ihren Schlössern evangelische Prediger.

Der Kaiser aber gedachte nicht, von der Gegenreformation abzulassen. Schon früher hatte er hierauf bezügliche Mandate veröffentlicht, die im Oktober 1598 in aller Schärfe erneuert wurden und den, in Sr. Majestät und dem römischen Clerus angehörigen und unterthänigen Pfarreien wohnenden Predigern, wie den aus ihren Klöstern ausgetretenen Mönchen befahlen, binnen acht Tagen das Land zu räumen. Zwei kaiserliche Kommissäre durchzogen das Land; wo sie erschienen, brachten sie einen katholischen Geistlichen mit, der durch den bei der Kommission anwesenden Bischof feierlich in das Pfarramt eingesetzt wurde; die Bauern wurden in die Kirche citirt, daselbst mußten sie einen Eid leisten und einen Revers unterzeichnen, in welchem sie sich für die eigene Person und ihr lediges Gesinde verpflichteten, dem katholischen Glauben treu zu bleiben. Diese Vorgänge dauerten ziemlich bis Ende 1599.

Im Jahre 1600 ging man nun auch mit Ernst daran, das Religions-Exercitium der Evangelischen in Linz aufzuheben. Wie der Orden der Gesellschaft Jesu bisher bei allen Anschlägen gegen die Lehre des Evangeliums und ihre Bekenner thätig war, so trat die Wirksamkeit der Jesuiten auch jetzt kräftig hervor. Bereits war die Stadtpfarrkirche zu Linz der katholischen Geistlichkeit übergeben, der Jesuit G. Scherer und J. Zehender hatten am Sonntag Jubilate zu predigen angefangen und brachten es dahin, daß die Frohnleichnams-Prozession — seit 40 Jahren wieder zum ersten Male — gehalten wurde, bei welcher an 300 Personen theilnahmen, was man damals für etwas sehr Großes hielt. Der evangelische Gottesdienst, die fortgesetzte Seelsorge der Prediger, der Fortbestand des evangelischen Gymnasiums, welches eine Zierde des Landes war, — das Alles war den Jesuiten ein Dorn im Auge, und man suchte von Seiten der Regierung einen Vorwand, diesen Dingen ein Ende zu machen. Dieser war bald gefunden. Weil die Religionsfreiheit sich nicht auf die landesfürstlichen Städte bezöge, weil die Stände den Revers noch nicht gegeben hätten, sich beim Gebrauch der Religionsfreiheit nach den landesherrlichen Mandaten allein zu halten, weil trotz der kaiserlichen Aufforderung die nieder-österreichische Agenda noch immer nicht eingeführt sei, darum halte sich der Kaiser für berechtigt, von seiner Auctorität Gebrauch zu machen und das evangelische Religions-Exercitium gänzlich abzuschaffen. Es wurden vier Kommissäre ernannt, welche am 15. März den Auftrag erhielten, das evangelische Kirchen- und Schulwesen in Linz, wie auch in Wels und allen kaiserlichen Städten und Märkten Ober-Oesterreichs aufzuheben und die Prediger, Lehrer und Schüler abzuschaffen. Am 16. März wurden die Verordneten der Stände vorgefordert, mit dem Inhalt des Mandates bekannt gemacht und ihnen der Vollzug desselben aufgetragen. Die Verordneten begehrten eine Frist, damit sie diesen Auftrag den Ständen mittheilen und von ihnen Verhaltungsbefehle einholen könnten. Die Frist wurde ihnen nicht bewilligt, die Kommission bestand auf ihrem Begehr. Die Verordneten erklärten freilich, sie könnten, als im Dienst der Stände, aus eigener Macht nichts thun; allein das half nicht, das kaiserliche Mandat wurde veröffentlicht und die Stände mit einer Strafe von 25.000 Dukaten bedroht, wenn sie einen evangelischen Prediger behalten würden. Am 18. März wurden die Prediger selbst vorgefordert und ihnen aufgetragen, binnen drei Tagen das Land zu räumen; am selben Tage stellten sie ihre geistlichen Verrichtungen ein und am 22. März machten sie sich auf die Reise nach Regensburg. Alle Beschwerden der Stände waren fruchtlos.

Allein schon im November desselben Jahres fing man im Landhause den evangelischen Gottesdienst wieder an, und zwar durch den Schulrektor Math. Anomäus mit Lesen und Singen. Um Ostern 1601 kamen zwei von den vertriebenen Predigern wieder und nahmen das kirchliche Amt im Landhause neuerdings auf. Eine Garde von 50 Mann hielt Wache. Einige Unordnungen, die hierbei vorfielen, riefen eine neue Kommission herbei, die sich am 12. September 1601 zu Linz einfand und am folgenden Tage die Verordneten der Stände vorluden. Sie erschienen nicht. Nun wurden die kaiserlichen Dekrete an den Mauern angeschlagen und unter Trompetenschall auf den öffentlichen Plätzen laut verlesen. Sie enthielten die Aufforderung: bei Verlust der „Toleration" und bei 50.000 Dukaten Strafe auf keinerlei Weise den kaiserlichen Anordnungen entgegen zu handeln. Auch die Prediger, Lehrer und ihre Gehilfen wurden vorgefordert. Auch sie erschienen nicht; ihnen sollte verkündigt werden, daß sie bei „Verlierung von Ehr, Leib und Gut" das Exercitium einstellen und Allem nachkommen, was die kaiserliche Majestät und die Kommissäre ihnen befehlen. Ein inzwischen eingelaufener kaiserlicher Befehl, die Prediger gefangen zu nehmen und nach Wien zu bringen, konnte nicht vollzogen werden, denn sie waren bereits auf der Flucht nach Ulm. Die Verordneten selbst hatten zu diesem traurigen Mittel gedrängt; ihrem Prediger Joh. Cementarius, der eben in der Kirche sich befand, hatten sie angezeigt: man könne sich der Gewalt nicht widersetzen und müsse deßhalb die Kirche Christo befehlen, welcher sie wohl schützen werde. — So ward das Religions-Exercitium in Linz eingestellt!

Allein daran hatte man in Wien noch nicht genug. Zu den eifrigsten Verfolgern der Evangelischen gehörte der Statthalter von Ober- und Nieder-Oesterreich, Erzherzog Mathias. Acht der Vornehmsten aus dem oberösterreichischen Adel wurden nach Wien berufen und befragt, ob sie den kaiserlichen Mandaten nachkommen wollten? Sie konnten im Namen der Stände keine bindende Zusage machen, daher begehrten sie Zeit, die Sache vorher mit den Ständen berathen zu können. Da man dieß nicht zulassen wollte, indem die Antwort vorauszusehen war, so befahl ihnen der Erzherzog, daß sie Wien nicht verlassen dürften. Und so mußten sie, ohne daß sie es wollten, in die Abschaffung des Religions-Exercitiums in Linz einwilligen.

In Nieder-Oesterreich war die Regierung ganz auf dieselbe Weise vorgegangen. Das gemeinsame Leiden brachte eine Annäherung zwischen den beiderseitigen Ständen zu Wege. Nach längeren Verhandlungen kamen sie zu dem Beschlusse eines gemeinschaftlichen Auftretens in der heiligen Sache des Glaubens überein. 1603 übergaben die ober- und niederösterreichischen Stände dem Kaiser eine Schrift, in welcher sie über die schnöde

Verletzung der Religionsfreiheit Beschwerde führten. Als keine Antwort kam, wiederholten sie 1604 die frühere Eingabe und erklärten, daß sie dem, was Se. Majestät bisher in Religionssachen befohlen, Gewissens und Ehren halber nicht nachkommen könnten. Der Kaiser übergab die Schrift dem Erzherzog Mathias, damit dieser sein Gutachten abgebe; es lautete dahin, der Kaiser könne allerdings die Religionsfreiheit aufheben.

Auf diese Weise waren die evangelischen Stände ihrer Rechte und Freiheiten immer mehr beraubt worden; dazu kam noch das Verletzende, daß in die kaiserlichen Aemter meist Unevangelische gesetzt, und die Evangelischen gewöhnlich übergangen wurden, und die katholischen Stände, zu welchen die Prälaten und die nicht evangelischen Herren und Ritter gehörten und die landesfürstlichen Städte hinzugezogen wurden, sich gegen die evangelischen Stände von Ober- und Nieder-Oesterreich verbündeten (1607). Eine dagegen erhobene Beschwerde fruchtete nichts, ja brachte vielmehr eine Rüge, daß sich die Evangelischen „conjugirt" hätten.

Als im Jahre 1608 Erzherzog Mathias, nunmehr König von Ungarn, den Alleinbesitz von Ober- und Nieder-Oesterreich angetreten hatte, verlangte er von den Ständen die Huldigung. Diese versammelten sich am 30. August zu Linz und unterzeichneten gewisse Vereinigungspunkte, die sich besonders auf die Religions-Angelegenheiten bezogen. Auch stellten sie ihre Prediger wieder an und richteten den evangelischen Gottesdienst ein, natürlich am ersten auch zu Linz. Durch das Verbot des Königs Mathias ließen sie sich davon nicht abhalten, sie meinten nur ihr gutes Recht auszuüben. Sie überreichten sodann ein Gesuch um Bestätigung der alten Religionsfreiheit und um Ausdehnung derselben auf die Städte. Als Antwort ward ihnen die Erklärung: die Religions-Concession von Kaiser Maximilian II. sollte ihnen vergönnt sein, mehr aber nicht. Auf ein neues Gesuch folgte abermals eine abschlägige Antwort. Nun aber glaubten sich die Stände zum Aeußersten getrieben und sie gedachten, die ihnen mit Siegel und Brief zugesprochene Freiheit mit den Waffen in der Hand verfechten zu müssen. Sie rüsteten ein Heer aus und sandten nach Ungarn um Hilfe. Der Palatin Graf Thurzo stellte ihnen das Gefährliche ihres Unternehmens vor, sie aber wollten nicht ablassen, und da sie sich nun ohne Hilfe von Außen sahen, verließen sie sich auf die eigene Kraft und stellten sich mit ihrem Heere in der Umgebung von Krems und Stein auf. Ihnen wurde eine kaiserliche Armee entgegen gestellt. Während der fortdauernden Verhandlungen mit dem König kam es zu einem Zusammenstoß, wobei die Kaiserlichen geschlagen wurden. Endlich bewilligte König Mathias in einer Kapitulations-Resolution vom 19. März 1609 Alles, was die Stände verlangt hatten.

Gleich darnach begab sich König Mathias zur Huldigung nach Linz. Am 20. April 1609 hielt er seinen Einzug. Nachdem der König den üblichen Revers unterzeichnet hatte, wurde die Huldigung am 2. Mai vorgenommen. Trotzdem nun neuerdings Alles verbrieft und versiegelt war, mußten die Evangelischen doch noch manche Neckereien und Beunruhigungen erfahren, und es stellte sich heraus, daß diese durch manche Unklarheit in der Kapitulations-Resolution genährt wurden. Die Stände baten daher auf dem vereinigten Landtage zu Wien (1610) um eine Erläuterung der königlichen Resolution, durch welche sie gegen alle Angriffe sicher gestellt wären. Erst nach längerem Zögern wurde sie gegeben. Allein auch jetzt ging es nicht ohne mancherlei Bedrängung ab, besonders als Kaiser Rudolf II. am 20. Jänner 1612 gestorben war und König Mathias nun auch deutscher Kaiser wurde. Stets von Neuem sandten die Stände ihre Beschwerden an den Kaiser, welche endlich zu Anfang des Jahres 1619 dahin erledigt wurden, daß die Regierung in allen Religionsstreitigkeiten und Klagen nach der Resolution vom Jahre 1609 urtheilen und kein Theil beschwert werden solle. Aber noch in demselben Jahre 1619, den 20. März starb Kaiser Mathias, und mit dem Regierungsantritte Ferdinand II.

brach für die evangelische Kirche in Oesterreich die Zeit der größten Betrübniß herein.

Ehe dieser Zeit gedacht wird, soll hier noch eines merkwürdigen Mannes Erwähnung geschehen, der unter die evangelischen Gemeindeglieder zu Linz zählte. Es ist dieß der berühmte Astronom Johann Keppler, der seit 1600 am Hofe Rudolf II. zu Prag lebte. 1611 berief ihn Mathias nach Linz, wo ihm auf kaiserliche Kosten eine Wohnung eingeräumt und ein Gehalt ausgesetzt wurde. Allein bis 1616 hatte er noch nichts erhalten und es wäre ihm sehr elend gegangen, wenn ihm die oberösterreichischen Stände nicht eine jährliche Pension gezahlt hätten. Anfangs 1612 wollte er, wie sonst jedes Jahr geschehen war, das heil. Abendmahl empfangen; er fühlte sich aber in seinem Gewissen verpflichtet, seine Zweifel über eine Kirchenlehre vorher dem Pfarrer M. Daniel Hitzler mitzutheilen und ihn zu fragen, ob dieser ihn zurückweisen würde. Als Hitzler bejahte, wandte sich Keppler an das würtembergische Consistorium zu Stuttgart um Auskunft, welches aber dem Pfarrer Recht gab und Kepplern rieth, der Stimme des Erzhirten Jesus Christus willig zu folgen. Ob Keppler diese Mahnung beachtete, ist nicht bekannt. — Auch muß hier erwähnt werden, daß im Jahre 1617 in Tübingen bei Dietrich Werlin die oberösterreichische Agenda gedruckt wurde unter dem Titel: „Christliche Kirchenagenda, so bei öffentlichem Gottesdienst der Gemeinden Augsburgischer Confession nützlich gebraucht werden kann."

Im Jahre 1619 also bestieg Ferdinand II. den deutschen Kaiserthron. Als Erbe empfing er den 30jährigen Krieg, der 1617 begonnen hatte. Ein größerer Feind der Evangelischen hat in Deutschland kaum gelebt, und seine Betheuerung, daß er die Protestanten liebe, und ihr Wohl ihm über Alles am Herzen liege, mag er wohl für wahr gehalten haben, sie bleibt aber vor dem Weltgerichte der Geschichte dennoch unwahr. Ueber des Kaisers österreichische Erblande sollte Erzherzog Leopold regieren. Als dieser die Huldigung begehrte, verlangten die

Stände vorerst die Bestätigung ihrer Religionsfreiheit. Sie rüsteten wieder, als ihnen dieselbe verweigert wurde. Bald darauf verpfändete Ferdinand II. Ober-Oesterreich an den Kurfürsten Maximilian von Bayern (1620), dem die Stände die Erbhuldigung ebenfalls nicht früher leisten wollten, bis ihre Religionsfreiheiten bestätiget sein würden. Sie erhielten zur Antwort: wegen der Religionsfreiheiten müßten sie sich an den kaiserlichen Hof wenden, durch die Huldigung würde ihnen an ihren Privilegien nichts „präjudicirt oder vergeben." So erfolgte denn wirklich die Interims-Huldigung am 20. August 1620.

Was Ferdinand II. in Steiermark, Kärnthen und Krain mit Erfolg gethan, das sollte nun auch in Ober-Oesterreich ins Werk gesetzt werden. Gott ließ eine schwere Prüfung der evangelischen Kirche zu und Ferdinand wurde das Werkzeug dazu. Die Ausrottung des evangelischen Glaubens war eine beschlossene Sache, sie mußte durchgesetzt werden, und sollten auf dem Acker Dornen und Disteln wachsen. Im Jahre 1621 begann die Gegenreformation. Der Anfang geschah, wie früher jedesmal, in Linz. Der dortige Prediger M. Hitzler wurde beschuldigt, daß er an den böhmischen Unruhen Theil genommen. Auf kaiserlichen Befehl nahm ihn der Landeshauptmann Graf von Herberstorf am 1. Juli 1621 gefangen; dreißig Wochen lang schmachtete er im Kerker und wurde erst dann frei, als er am 26. Jänner 1622 erklärte, das Amt eines evangelischen Predigers in Linz nie mehr verwalten zu wollen. So hatte der evangelische Gottesdienst in Linz für eine lange Zeit — über 200 Jahre — ein Ende erreicht. Nach und nach ging man auch an die übrigen Städte und Märkte, endlich kam die Reihe an die Stände. Diese erhielten zwei kaiserliche Mandate, vom 30. August und 4. Oktober 1624, in welchen allen Evangelischen befohlen wird, binnen acht Tagen ihre Prediger und Lehrer zu entlassen oder der schwersten Strafen an Leib und Gut gewärtig zu sein; die Prediger aber sollten sich ohne Verzug aus dem Lande begeben. Es wurde, wie früher in Steiermark,

Kärnthen und Krain eine sogenannte Reformations-Kommission ernannt, welche aus dem Grafen Adam von Herberstorff, Statthalter zu Linz, Dr. Georg Falbius, Abt zu Göttweih, Dr. J. B. Spindler und Const. Grundmann bestand. Diese Herren hatten den Auftrag, an den Kirchen die evangelischen Prediger zu entfernen und dieselben mit katholischen Priestern zu versehen, überhaupt Alles katholisch zu machen. Als Gehülfen bei der Bekehrung war ihnen eine erkleckliche Anzahl Soldaten beigegeben. Die Wirksamkeit dieser Kommission begann erst 1625. Die Stände baten vergeblich um Einstellung solcher Gewaltthaten. Ende April 1626 waren alle evangelischen Prediger aus dem Lande vertrieben.

Man war grauenvoll mit den Evangelischen umgegangen, besonders mit jenen, welche den niedern Ständen angehörten. Aber Druck erzeugt Gegendruck, und so brach im Mai 1626 wiederum ein Bauernaufstand aus, dessen Anführer Stephan Fadinger war. Auf ihre Fahnen hatten die Aufrührer die Worte gesetzt:

„Weil's gilt die Seel und auch das Blut,
So geb uns Gott ein Heldenmuth;"
und auch: „Es muß sein!" Obgleich die kaiserlichen und baierischen Truppen Anfangs die schwersten Verluste in der offenen Feldschlacht erlitten, so wurde der Aufstand doch im Oktober 1626 gedämpft und die Bauern sämmtlich zum Bekenntniß der katholischen Kirche gezwungen.

Nun waren noch die Stände selbst übrig. Im März 1627 befahl der Kaiser allen Beamten derselben, entweder katholisch zu werden oder aus dem Lande zu ziehen. Sie hielten sich aber an ihre Herren; das war für Ferdinand II. eine erwünschte Gelegenheit, den evangelischen Ständen zu erklären: sie müßten sich entweder zur römischen Kirche bequemen oder das Land meiden. Den „Halsstarrigen wurde eine Frist von drei Monaten, den Gefügigeren von einem Jahre gegönnt, um ihre Güter verkaufen zu können. Die evangelischen Stände bemüthigten sich so tief, daß sie sogar vor dem Kaiser einen Fußfall thaten, damit er nur den unchristlichen Befehl zurücknehme. Umsonst! Alles was sie erlangten, war: daß sie binnen drei Monaten sich bedenken könnten, was sie thun wollten. Anfangs 1628 kamen nochmals einige Herren aus den Ständen nach Wien und baten um eine längere Frist für den Verkauf ihrer Güter. Sie wurde ihnen nicht zugestanden; Sonntag Iubica 1628 war der Tag, an welchem sie das Land verlassen haben mußten. Nur die einzige Gnade wurde ihnen zugestanden, daß sie binnen der nächsten sieben Monate wegen des Verkaufes ihrer Güter hin und her reisen oder ein anderes kaiserliches Dekret erwarten könnten.

Viele aus den Herren und Rittern ließen ihren Glauben fahren; viele aber wanderten aus, verließen das Heimathland und die Burgen ihrer Väter, mußten ihre Besitzungen oft um einen Spottpreis verkaufen, von dem Kaufschilling noch dazu ein schweres „Abzugsgeld" geben und endlich verbot noch 1636 ein kaiserliches Edikt, den ausgewanderten Evangelischen etwas von ihren Gütern zu verabfolgen. So zogen aus Ober-Oesterreich die edelsten, reichsten und besten Männer des Adels fort, zuerst nach Regensburg, später nach Nürnberg, wo sie sich mit den übrigen Exulanten aus Nieder-Oesterreich, Steiermark, Kärnthen, Krain und anderen österreichischen Ländern vereinigten. Unter den ober-österreichischen Emigranten sind folgende Namen die bekanntesten: *)

Weickardt von Aichelberg zu Aichelberg und dessen Gemalin Katharina Elisabeth, geb. Rauber, mit 1 Sohn und 2 Töchtern.

Frau Sophia, weiland Herrn Wolf Georg Herrn von Altheim Witwe, geb. von Neubeck, mit 3 Söhnen und 3 Töchtern.

Fräulein Anna Elisabeth von Ehzing.

---

*) Mitgetheilt aus B. Raupach, evangelisches Oesterreich.

Georg Seyfried von **Gabelkhoven** zu Riegersdorff und Helfenberg, und dessen Gemahlin Esther geb. Höritsch, mit 2 Söhnen.

Ehrenreich von **Gabelkhoven**.

Margaretha, weiland Hrn. Maximilian von **Gabelkhoven** Witwe, geb. Gräfin von Thurn.

Wolff **Herr von Gera**, und dessen Gemahlin Maria Elisabeth geb. von Volckersdorf.

Wilhelm **von Gera**, sammt Gemahlin Susanna Katharina geb. von Volckersdorf.

Hanns Christoph von **Gera**.

Frau Maria Geyerin, geb. von Oedt.

Frau Eva Susanna geb. **Herrin von Losenstein**, Witwe des Herrn Sigmund Maximilian Graiswein **Freiherrn zum Weyer**, auf Orth und Pühl.

Wolf Dietmar von **Grünthal**, sammt Gemahlin Maria Salome geb. Hackin von Mistelbach.

Ludwig von Hohenfelber nebst Gemalin Klara geb. von Neubeck, mit 4 Söhnen und 2 Töchtern.

Frau Sidonia, Witwe des Christoph von Hohenfelber, geborne Herrin von Zinzendorf, mit 8 Söhnen und 1 Tochter.

Fräulein Katharina Elisabeth, weiland Otto von Hohenfelder Tochter.

Hanns Septimius **Jörger, Freiherr auf Tollet** ꝛc., nebst Gemahlin Anna Potentiana geb. Hoffmann, Freiin, mit 6 Söhnen und 3 Töchtern.

Frau Maria Salome **Jörger**, Witwe, geb. Herrin von Stahremberg.

Anna, Herrn Hanns Lorenz von **Khufstein** Gemalin, geborne Herrin von Puchheim.

Fräulein Anastasia
Fräulein Sara   } **Freiherrinnen zu Khufstein**.
Fräulein Justina

Georg David Leyser, nebst Gemalin Ursula geb. **Freiherrin von Glohach**, mit 2 Söhnen und 3 Töchtern.

Frau Magdalena, weiland Herrn Achaz von **Polheim** Witwe, geb. **Freiherrin von Dietrichstein**.

Frau Maria, weiland Herrn Heinrich von **Polheim** Witwe, geb. **Kheuenhüller**, mit 2 Töchtern.

Fräulein Johanna
Fräulein Anna Elisabeth } Herrinnen von **Polheim**.

Georg Engelprecht von **Polheim**.

Frau Maria Salome, weiland Herrn David von **Prösing** Witwe, geb. **Freiherrin von Dietrichstein**.

Sigmund Ludwig von **Scherffenberg** und Gemahlin Christina geborne **Freiin von Polheim**.

Frau Benigna, weiland Herrn Gotthardt von **Stahremberg** Witwe, geb. Herrin von **Prösing**.

Otto Adam **Herr von und zu Traun**, und Gemahlin Maria Maximiliana geb. **Herrin von Volckersdorf**.

Fräulein Anna Johanna } Herrinnen von und zu
Fräulein Eva Christina } **Traun**.

Ehrenreich von **Trautmannsdorf**.

Fräulein Susanna, Herrin von **Trautmannsdorf**.

Frau Elisabeth Teufflin, Witwe, geb. Herrin von **Puchheim**, mit Frl. Tochter Barbara.

Frau Katharina, weiland Wolf Wilhelm Herrn von Volckersdorf Witwe, geb. **Fürstin von Lichtenstein**.

Fräulein Anna Judith Herrin von **Zinzendorf**.

Hier mögen auch noch die Namen der evangelischen Prediger zu Linz folgen, wovon die meisten derselben an der Landhauskirche thätig waren.

1. M. Georg **Khuen** von 1576 bis 1581.
2. Gottfried **Poppius** um 1580.
3. M. Thomas **Spindler** von 1581 bis 1583 († in Linz.)
4. Johann **Caementarius** (Maurer) von 1583 bis 1601.

5. Michael Titulus von 1579 bis 1591 († in Linz).
6. M. Johann Bayer von 1591 bis 1601.
7. M. Mathias Spindler von 1592 bis 1597.
8. M. Johann Bruber um 1598.
9. M. Johann Heerbrand von 1598 bis 1599.
10. M. Markus Löffler von 1598 bis 1601.
Von 1601 bis 1609 kein Gottesdienst.
11. Clemens Anomöus von 1609 bis 1611.
12. M. Daniel Hitzler von 1611 bis 1621.
13. M. Georg Jorban um 1611.
14. M. Martin Kleß von 1612 bis 1614 († in Linz).
15. M. Conrad Rauscharbt von 1615 bis 1619.

Auf diese Weise war nun die evangelische Kirche in Ober-Oesterreich zu Grunde gerichtet; aus dem Garten Gottes, der freilich unter unsäglicher Mühe gepflegt worden war und wo auch mancher ungerechte Haushalter sich gefunden hatte, war eine traurige Wüste geworden. Warum hatte der Herr so schwere Prüfung und Züchtigung über seine Kirche kommen lassen? Wir wissen es nicht, und wer könnte auch in seinen Rath einbringen! Zwar lebten hin und her im Lande zerstreut noch immer einzelne Evangelische, die ihren Glauben ins Verborgene flüchteten. Aber auch auf sie wurde gefahndet und es war nach menschlicher Weise das letzte Aufräumen des Evangeliums, als man denen, die sich zwar äußerlich zum Katholizismus bekannten, aber des Protestantismus verdächtig waren, die evangelischen Bücher wegnahm und verbrannte und die „heimlichen Lutheraner" auf alle erdenkliche Weise quälte. Im westphälischen Friedensschluß versprach Schweden Abhülfe und es wurde in dem Friedens-Instrumente auch Manches zu Gunsten der ausgewanderten und einheimischen Protestanten Oesterreichs gesagt — aber das geschriebene Wort blieb geschrieben, es wurde nicht zur Wahrheit. Hatte wohl der Herr seine Kirche ganz und gar vergessen?

I.

Es finden sich wieder Evangelische in Linz.

Nein, der Herr hatte seiner armen Kirche in Oesterreich nicht vergessen! Schien es auch, als ob das Evangelium mit Stumpf und Stiel ausgerottet wäre, genügte auch der geringste Verdacht, um einem heimlichen Protestanten in aller erdenklichen Weise das Leben sauer zu machen, kamen auch Gesetze auf Gesetze, die dem evangelischen Bekenntniß jeden Fußbreit Raum versagten: wer will sich dem Walten Gottes entgegenwerfen, wer seine Plane durchkreuzen, wer ihm den Weg verstellen? der Herr liebt seine Gemeinde, für welche er sich selbst dargegeben; und wie er selber nicht in der Niedrigkeit blieb, so wollte er auch sein Kirchlein in Ober=Oesterreich und in dessen Hauptstadt Linz nicht ewig im Dunkeln lassen, es sollte aus den Trümmern wiederum hervorgehen, das Licht seines Wortes sollte wieder auf den Altar gestellt werden und in die Finsterniß der Herzen hinein leuchten!

Gott weiß seine Werkzeuge trefflich zu finden. Zur Reformation berief er einen Mann aus dem Volke, und zum Wiederaufbau der evangelischen Kirche in Oesterreich hatte der Herr sein treues Auge in die Gemächer der Kaiserburg in Wien geworfen. Denn wie durch Gewalt das Evangelium gebrochen war, so brauchte es auch jetzt wieder Gewalt und große Macht, um alle Vorspiegelungen von Gefahr für den Staat mit Einem Streiche niederzuschlagen, welche die Feinde des Evangeliums in der Wiedererstehung des evangelischen Glaubens in Oesterreich witterten. Diese Gewalt und Macht, aber auch den Muth sie zu benützen, besaß Kaiser Josef II. Dieser unvergeßliche Monarch hielt die Freiheit des Gewissens hoch, er achtete die Menschenrechte und sprengte die Fesseln, mit denen in seinen Landen das Bekenntniß des Glaubens gebunden war.

Am 13. Oktober 1781 sandte er das vielgerühmte Toleranzpatent in die Welt, durch welches dem evangelischen Glauben in Oesterreich wieder eine Freistatt aufgethan ward.

Allenthalben bildeten sich evangelische Gemeinden, auch in Ober-Oesterreich. In aller Eile wurden Bethäuser hergerichtet. Das war ein Eifer um das Gotteswerk! Es schien, als ob das fertige Bethaus und der geordnete Gottesdienst den Fortbestand der Toleranz sichern sollte. Nur in Linz blieb es still und ruhig; von dem kleinen Häuflein der dortigen Protestanten kannten sich die Glieder kaum einander. Man mußte schon Gott danken, daß doch wenigstens Einige waren, die von dem lautern Worte Gottes etwas wußten. Aber an ein Bethaus in Linz war nicht zu denken, und es findet sich auch keine Spur davon, daß Jemand daran gedacht hätte. Und die übrigen Bethäuser Oberösterreichs — wie waren sie so weit entfernt; das nächste war noch zu Thening, aber selbst bis dorthin waren an britthalb Wegstunden. Das war auch die Ursache, daß die Evangelischen in und um Linz, besonders jenseits der Donau, zumeist ohne Gottesdienst blieben oder nur Einzelne zu allen hohen Zeiten höchstens nach den fernen Gotteshäusern wanderten. — Aber der Glaube mehrte sich unter der Gnade Gottes.

Der Herr hatte sich nämlich auch für Linz ein Rüstzeug ausersehen, das als ein Wecker aus dem Volke für das Volk durch die Predigt des Evangeliums wirken sollte. Es war dieß Rüstzeug der fromme Kaufmann Johann Tobias Kießling, (geb. 3. Nov. 1743, gest. 27. Febr. 1824) aus Nürnberg. Von seinem 21. Jahre an zog er mit seinen Waaren auch nach Oesterreich und kam auf die Märkte nach Linz, fünfzig Jahre hindurch jährlich zwei Mal. Kießling kannte gar genau die traurigen Geschicke der evangelischen Kirche in Oberösterreich und der ehemals so blühenden evangelischen Gemeinde Linz. Er wußte es aber auch, daß hier noch manche Seele sich finde, die einen Hunger und Durst habe nach dem Worte Gottes. So oft er kam, brachte er evangelische Bücher mit; und wie seine

Marktbude aufgethan wurde, traten die Protestanten von Stadt und Land zu ihm hin und trugen die köstlichen Bücherschätze mit sich fort. Ja endlich kam es so weit, daß Kießling in einzelnen Bürger- und Bauernhäusern christliche Versammlungen veranstaltete, in welchen geistliche Lieder gesungen wurden und er durch Vorlesen evangelischer Predigten und anderer Erbauungsschriften und durch gottselige Gespräche das Reich Gottes gewaltig förderte.

Schade daß uns in jene christlichen Versammlungen kein tieferer Einblick gestattet ist; Niemand hat die Vorgänge in denselben genau aufgezeichnet, und wenn der Herr in seiner Treue und Gnade bis auf diese Stunde, da wir diese Zeilen niederschreiben, nicht einen Theilnehmer an jenen segensreichen Zusammenkünften am Leben gelassen hätte, so wüßten wir wohl nur wenig davon, denn die Briefe, in denen Kießling jener Betstunden Erwähnung thut, sind in alle Welt zerstreut und viele zu Grunde gegangen. *)

Wie's nämlich schon so in der Welt geht, fanden sich auch in der gewerbreichen Hauptstadt Oberösterreichs, in Linz, Leute aus verschiedener Herren Ländern zusammen; es konnte nicht fehlen, daß darunter auch Evangelische waren. Sie kamen, gründeten hier einen Hausstand oder verdingten sich zur Arbeit bei Handwerkern und Meisterleuten und waren froh, an Kießling einen gemeinsamen Haltpunkt gefunden zu haben. Eines Tages kam auch so ein Handwerksbursche daher, mit dem Bündel auf dem Rücken; er wußte es wahrscheinlich auch: „dem Handwerk thut nichts nützen das Ofensitzen und das Schlafmützen." Er war weit her, aus Hannover gekommen, hieß **Bernhard Kossek** und wer seines Zeichens ein ehrsamer Handschuhmacher; noch ist gut zu wissen, daß er den 11. Fe-

---

*) Einzelne kurze Bemerkungen finden sich in dem „evangelischen Hausfreund", Kalender für 1862 von B. Czerwenka und v. Hornyansky, u. z. in dem Aufsatze: „die alte Grabnerin."

bruar 1782 geboren war. Den Weg nach Linz hinein hatte er gefunden, aber heraus nicht mehr — bis ihn der liebe Gott selber führt. Kosseck blieb also in Linz; hier lernte er bald einen braven Mann kennen, Namens Mitter, der am sogenannten Lammwirthsteiche wohnte. Belesen, weit gereist, wohl beredt, in Gottes Wort fein gebildet und was die Hauptsache ist, nach demselben lebend, empfing er mit seiner ihm gleichgesinnten Ehehälfte viele Besuche, zumeist von Evangelischen. In seiner geräumigen Wohnstube kamen sie zusammen und sangen geistliche Lieder und dienten dem Herrn in Einfalt und Treue. Kießling war oft in ihrer Mitte, versah die Theilnehmer mit guten Büchern und las häufig selbst Predigten vor. Nachdem der Zudrang immer größer geworden war, beschloß man, beim Lammwirth für die Zusammenkünfte einen Saal zu miethen. Um diese Zeit kam ein evangelischer Bandmacher aus Berlin nach Linz, der wie Wenige die Gabe der Rede hatte, dabei von Herzen fromm war und sich bald mit Mitter und den Uebrigen bekannt gemacht hatte. Er übernahm das Vorlesen an den Sonntagen, was den Brüdern und Schwestern sehr erwünscht war, da er es vortrefflich verstand, manche dunkle Stelle durch freien mündlichen Vortrag zu erklären. So war ein förmlicher Gottesdienst eingerichtet; das Bibelwort ging im Schwunge, man sammelte regelmäßig für die Armen, es wurde sogar für einen Altar gesorgt und der Platz für den Vorleser durch ein Gitter abgeschlossen. In dieser Zeit, es war im Jahre 1811, trat auch Kosseck mit dem Instrumentenmacher Docke in die Gesellschaft ein. Zweimal hatten sie der Versammlung beigewohnt, als Kosseck vor den Stadtmagistrat geladen wurde. Man hätte ihn gern, hieß es, darum warne man ihn, er solle jenen heimlichen Zusammenkünften nicht mehr beiwohnen, nächsten Sonntag würde die ganze Gesellschaft durch die Polizei aufgehoben werden, solche Zusammenkünfte seien gegen das Gesetz, gäben der Sektirerei Vorschub und diese dürfe man nicht dulden. — Kosseck mußte sich wohl oder übel in das Unvermeidliche fügen, theilte seinen Freunden das Geschehene mit, und die Versammlungen im Lammwirthshause hörten auf, aber nur, um in einem Bauernhause fortgesetzt zu werden; doch waren sie nicht mehr so zahlreich besucht. Kosseck wurde nochmals vor den Magistrat gefordert; dort sagte man ihm: das Unwesen sei nicht länger zu dulden, er solle mit seinen Gesinnungs-Genossen um die Erlaubniß zur Errichtung einer Gemeinde einkommen, das Toleranzgesetz spreche ja für sie, wenn sie hundert Familien oder 500 Seelen nachweisen könnten. — Dieß Wort verfehlte seine Wirkung nicht. Kosseck theilte das Vernommene mehreren evangelischen Bewohnern der Stadt Linz mit, namentlich dem Baron von Rosenberg, dem Buchhändler Eurich, Lindner, Danzmayer, Scharte, Kirchmayer und Anderen, und veranstaltete eine Zusammenkunft bei Baron Rosenberg, an welcher bei 30 Personen Theil nahmen. Man erwählte sogleich diesen angesehenen Mann zum Vorsteher und Kassier und legte Geld zusammen, das Baron Rosenberg in Verwahrung nahm. Kosseck unterredete sich noch des Weitern mit Eurich und Lindner und begab sich zu Dr. Lindauer, welcher als ein Rechtskundiger später der Gemeinde von großem Nutzen war. Als Lindauer Kosseck's Mittheilungen angehört hatte, machte er diesen auf die vielen Schwierigkeiten bei der Ausführung des schönen Planes aufmerksam und meinte: es gehöre viel Beharrlichkeit dazu und man werde ihnen die Sache nicht auf dem Präsentirteller entgegen tragen.

Das war im Jahre 1826. Auf Schwierigkeiten war man gefaßt, doch wußten die Linzer Evangelischen auch die Bedeutung des Wortes: Es ist Gott kein Ding unmöglich!

II.
Ein entscheidender Brief.

Der Gedanke an die Gründung einer eigenen Gemeinde war ausgesprochen; Einer theilte ihn dem Andern mit und bald redete Alles davon. Viele mögen sich seine Ausführung wohl leicht vorgestellt haben, aber als die Sache mit mehr Ernst betrieben wurde, da hieß es: wo und wie greifen wir an? Und wiederum war es der Herr, der sich ein Werkzeug bereits ausersehen hatte, durch welches die Linzer zu den ersten entscheidenden Schritten geführt werden sollten. Dieses Werkzeug war die evangelische Gemeinde T h e n n i n g.

Das Pfarrdorf Thenning liegt beiläufig zwei und eine halbe Wegstunde von Linz entfernt, in der Richtung nach Westen. In Thenning war gleich nach dem Toleranzpatente ein evangelisches Bethaus erbaut und das kirchliche Gemeinwesen geregelt worden. Pfarrer daselbst war in jener Zeit Johann Steller, zugleich Senior der ob der Enns'schen Gemeinden. Die Evangelischen in und um Linz hatten sich nach und nach daran gewöhnt, die seelsorgerlichen Dienste in Thenning zu suchen, ohne daß sie gesetzlich hieher eingepfarrt gewesen wären. Diese langjährige Gepflogenheit hatte es mit sich gebracht, daß die Linzer Evangelischen nicht bloß von der Obrigkeit, sondern auch von den Thenningern selbst als zu dieser Gemeinde zuständig betrachtet wurden. Sie hatten jedoch noch nichts zur Unterhaltung des Thenninger Kirchenwesens beigetragen, waren auch bisher noch nie dazu aufgefordert worden.

Am 12. August 1826 ließ die Vorstehung der Gemeinde Thenning unter Mitwissenschaft des Seniors Steller an die Evangelischen in Linz und in dem jenseits der Donau liegenden Markte Urfahr ein Bittschreiben abgehen, in welchem die Verhältnisse zwischen Linz und Thenning aus einander gesetzt und die Bitte ausgesprochen wurde, die Linzer möchten „bei der Unzulänglichkeit der Thenninger Kirchenkasse zur Bestreitung der steigenden Ausgaben und bei der immer höher steigenden Summe von Rückständen sich zu einem jährlichen freiwilligen Unterhaltungs-Beitrage herbeilassen, denselben bestimmen und durch Einschreibung in ein mitfolgendes Verzeichniß zu sichern." Es sei zu bedenken, daß die Protestanten in Linz und Markte Urfahr ohnehin vermöge a. h. Anordnung dem nächstliegenden Pastorate Thenning angehören, auch die Vortheile der dortigen Kirchenanstalten genießen, also Mitglieder der Kirchengemeinde Thenning seien; daß der von der Gemeinde Thenning besoldete Prediger auf jedesmaliges Verlangen des Einzelnen zur Verrichtung seelsorgerlicher Handlungen sich nach Linz oder Urfahr begeben müsse; daß zu solchen Amtsreisen jedesmal das auf Kosten der Gemeinde vorhandene Pferd und Wagen benützt werde; daß es billig, recht und christlich sei, wenn jedes Mitglied einer Gesellschaft des andern Last tragen und das Wohl des Ganzen fördern helfe. Das Schreiben schließt mit dem Zugeständniß, daß in die Vorstehung der Thenninger Kirchengemeinde aus der Mitte der Linzer und Urfahrer ein Repräsentant gewählt werde, der die zugesicherten Geldbeiträge einsammle und an die Kirchenkasse abführe.

Dieses Schreiben fand in Linz Anklang und man ging, ohne sich lange zu besinnen, auf den Antrag der Thenninger ein; war ja auf diese Weise mit einem Male die Aussicht eröffnet, für die Zukunft einer eigenen Gemeinde anzugehören; konnte man jetzt doch die Ueberzeugung gewinnen, daß das Herz mit größerer Kraft an solchen Dingen hängt, für die man Opfer bringt, und der Weiterschauende sah hierin einen Weg, auf welchem sich früher oder später die Errichtung einer eigenen Kirche in Linz ermöglichen ließe.

Es wurde alsogleich ein Namens-Verzeichniß der in Linz und Urfahr wohnenden Protestanten aufgenommen und jeder Einzelne zeichnete sein für die Gemeinde Thenning zu zahlendes

Scherflein mit eigener Hand ein. Freiherr von Rosenberg stand an der Spitze, ihm folgten gern und freudig alle Andern. 163 Personen zeichneten binnen wenigen Tagen die Summe von 312 fl. 50 kr. C. M. Der oben genannte Kosseck machte die Bemerkung: da voraussichtlich eine bedeutende Summe zusammen kommen könne, so wäre es vielleicht besser, das Geld in Linz anzulegen und die Interessen nach Thenning abzuliefern, — und Viele stimmten ihm bei.

Kosseck's Vorschlag war ein zündender Funke gewesen. Jeder Einzelne gewann je mehr und mehr die Ueberzeugung, daß die Zahl der Evangelischen in Linz keine zu verachtende sei; es schien gewiß, die wenigsten hatten bei der Zeichnung der jährlichen Beiträge ihre größte Kraft angespannt, die meisten konnten muthmaßlich noch mehr leisten, es waren bei Weitem nicht alle Namen verzeichnet. Wenn nun jeder das Seine thäte, hieß es, wäre es nicht möglich, daß man irgend einen Saal zur öfteren regelmäßigen Feier des Gottesdienstes innerhalb der Thore von Linz miethen, vielleicht gar einen eigenen Geistlichen würdig besolden könnte? — Gedacht, gethan! Das aufgenommene Verzeichniß der Evangelischen und deren Beiträge wurde nicht abgeliefert, die gezeichneten Summen nicht eingehoben, sondern man legte noch im selben Jahre (1826) ein zweites Namens-Verzeichniß an, das zugleich eine vorläufige Uebersicht bieten sollte, auf welchen Betrag man bei der etwaigen Miethe eines entsprechenden Lokales für die gottesdienstliche Feier und „für die standesmäßige Salarirung eines evangelischen Geistlichen" rechnen könne. Die ersten Freunde des ganzen Unternehmens blieben treu, neue fanden sich ein und so wurden von 199 Personen 340 fl. CM. gezeichnet und alsbald auch eingezahlt.

Dieses Ergebniß hatte der Thenninger Brief hervorgebracht; man war jedoch, wie die Folge lehrte, auf einen falschen Weg gelangt.

III.
Alle Anschläge scheitern.

Solcher Anfang war nun freilich ein sehr kleiner und stand in gar keinem Verhältniß zu dem vorgenommenen großen Werke. Aber hätten die Linzer Evangelischen darum den Muth verlieren sollen? Wohl mag mancher damals gedacht haben: Hätten wir Geld in Haufen, dann brauchten wir weiter nichts. Aber thut es wohl das Geld allein? Ist der Glaube nicht auch eine Macht? und was für eine Macht! Wo der rechte Glaube ist, da kann der Herr auch den kleinen Anfang segnen und mehren, wie dort mit wenig Brodten und Fischlein viele Tausend sind gespeist worden.

So schritt man auch im heiligen Feuereifer zur That. Zuvörderst suchte man sich der Zustimmung der oberösterreichischen Superintendentur für Errichtung eines eigenen Kirchen- und Schulwesens in Linz zu versichern, und erhielt solche in einer Urkunde vom 15. Jänner 1827. Am 31. Jänner ging an die ob der Enns'sche Landesregierung eine weitläufige Schrift der evangelischen Bürger und Einwohner aus Linz und dessen Umgebung ab, in welcher alle Verhältnisse klar aus einander gesetzt waren, und um Gewährung der heißesten Wünsche gebeten wurde. Diese Wünsche gingen auf die Errichtung eines Bethauses zu Linz und auf die damit verbundene Anstellung eines eigenen Predigers und Schullehrers. Die treffliche Begründung der Bitte führt aus, wie wohlthätig sich die Weisheit und Menschenliebe, in welcher das Toleranzpatent die Glaubens- und Gewissensfreiheit gestattete, in dem Verlaufe von beinahe einem halben Jahrhundert bewährt habe; ein großer Theil der Staatsunterthanen sei dadurch von den die Sittlichkeit schwer drückenden Fesseln des Glaubenszwanges befreit, die Bildung und Religiösität der Evangelischen gefördert worden und der Einfluß davon habe sich auf

Wissenschaften, Künste und Gewerbe verbreitet. Die Besorgniß sei nicht gerechtfertigt worden, daß die verschiedenen Religionsverwandten sich in Unduldsamkeit, Religionshaß und Störung der öffentlichen Ruhe und brüderlichen Nächstenliebe einander gegenüber stehen würden, — es seien vielmehr eine Menge christlicher Tugenden in den Herzen der Unterthanen befestigt worden und in das praktische Leben übergegangen. Solche Erfolge könnten nur dahin führen, die Toleranzgesetze in der genauen Anwendung auf jeden einzelnen vorkommenden Fall zu erhalten. Unter Hinweisung auf die gesetzlichen Bestimmungen wird nachgewiesen, daß die erforderliche Anzahl der zur Bildung einer selbstständigen Gemeinde nöthigen Seelen (500) in und um Linz befindlich seien, denn es wären hieher nicht blos die evangelischen Bewohner von Linz und nächste Umgebung, sowie daselbst garnisonirende Militärpersonen zu rechnen, sondern auch sämmtliche Evangelische des Mühlkreises, welche jetzt zur Kirchengemeinde Thenning gehören, müßten dem Linzer Bethause, als dem nächsten, zugetheilt werden. Die Kirchengemeinde Thenning verliere dadurch nichts, denn sie bestehe dermalen aus ungefähr 2500 Seelen und es können ohnehin die wenigsten Glaubensgenossen von Linz und Umgebung dahin gelangen, theils wegen der Weite des Weges, theils wegen des beschränkten Raumes im Bethause zu Thenning. Dazu komme, daß z. B. in Krankheitsfällen der evangelische Geistliche zu Thenning bei der großen Seelenzahl für die Linzer oft schwer, oft gar nicht zu erreichen sei, die Jugend einen geordneten Religionsunterricht gänzlich entbehren, und in Folge dessen die größten Nachtheile für Religion und Staat entstehen müssen. Auch habe die Superintendentur die Nothwendigkeit der Errichtung eines eigenen Bethauses in Linz anerkannt, ebenso sei es der ausdrückliche Wille des Kaisers (Hofdekret vom 28. März 1818), daß die Unterthanen der gottesdienstlichen Feier fleißig beiwohnen. Es könne also nur mehr darauf ankommen, nachzuweisen, daß die Evangelischen in und um Linz im Stande sind, die bei der Ausführung ihres Vorhabens erwachsenden Kosten zu bestreiten; da seien nun von den evangelischen Bewohnern bereits 1000 fl. als freiwillige Beiträge erlegt, eine bei weiten größere Summe sei zu erwarten und bereits zugesichert, wenn die Bewilligung zur Errichtung eines Bethauses ertheilt sein wird; durch die im In- und Auslande gestatteten Collekten (Hofdekret vom 6. März 1782) seien ebenfalls Beiträge zu hoffen, der Erlös von den Kirchensitzen und durch den Klingelbeutel werden nicht unbedeutende Summen herbeischaffen, und endlich seien auch die auf die Gemeindeglieder repartirten jährlichen Beiträge zu berücksichtigen.

Es muß hier dankend anerkannt werden, daß selbst von katholischer Seite den Wünschen der Evangelischen bereitwillig entgegen gekommen wurde. Auch wurde der Herr Prior der barmherzigen Brüder ersucht, ob er nicht so freundlich wäre, nach Beendigung des katholischen Gottesdienstes die Kirche den Evangelischen zur Ausübung ihres Privatgottesdienstes überlassen zu wollen. Er erklärte sich gern bereit dazu, falls es die hohe Behörde bewilligen sollte. Anfangs wollte man in dem Regierungsgesuche auch um Gewährung dieser Vergünstigung bis zur Vollendung des eigenen Gotteshauses bitten, aber man kam davon wieder ab.

Es war Allen ein Stein vom Herzen gefallen, als das Schriftstück mit allen nöthigen Belegen abgesendet worden war; jeder hoffte auf Gewährung, weil sie jeder wünschte. Anfangs schien sich auch Alles zum Guten wenden zu wollen. Denn schon am 23. Februar erhielt der Freiherr von Rosenberg von dem Mühlkreisamte die Aufforderung, daß unter den Evangelischen ein Ausschuß gewählt werde, mit welchem im Namen der Uebrigen der Gesuchsgegenstand zu verhandeln sei; dieser Ausschuß solle sich mit der gehörigen Vollmacht vor der Behörde ausweisen, „wo sodann von der Lokalobrigkeit und diesem Ausschusse die näheren Erhebungen in Betreff der allfälligen Wahl des Lokals zur Errichtung eines evangelischen Bethauses und einer Schule, des beiläufigen Kostenaufwandes zu diesem Ende, mit etwa thunlicher Beischließung des Planes, der Voraus maßen und Ueberschläge, dann der Gehaltsbeträge für den eigenen Prediger und Schullehrer, endlich über die Quellen und Zuflüsse vorzunehmen sein werden, woraus die Interessenten für den Fall, als höchsten Ortes ihrem Gesuche willfahrt werden sollte, sowohl die Errichtungs-Auslagen, als fortan die Erhaltung dieser angesuchten Anstalt bedecken zu können erachten." — Zugleich wurde auch an den Linzer Magistrat die Weisung erlassen, die Verhandlung mit den zu ernennenden Bevollmächtigten zu beginnen und das Resultat bis Ende Mai dem Kreisamte anzuzeigen.

Die evangelischen Gemeindeglieder gingen sogleich daran, die Bevollmächtigten zu wählen; die sehr vorsichtig abgefaßte und in alle Einzelnheiten eingehende Vollmachtsurkunde wurde am 30. März 1827 ausgestellt und mit 184 Unterschriften bedeckt. Als erwählte Bevollmächtigte werden genannt: Herr J. B. Freiherr von Rosenberg als Vorsteher, dann die Herrn Fr. Eurich, Buchhändler, B. Kossek, Handschuhmacher, W. Scharte, Goldarbeiter, Th. Danzmayr, Gastwirth, H. Lindner, Sattlermeister, und M. Kirchmayer. Am folgenden Tage wurde die Urkunde dem Magistrate vorgelegt und auf den 11. April eine Commission zur Verhandlung der Bethaus-Angelegenheit in dem Rathszimmer angeordnet und die Bevollmächtigten dazu geladen.

Während man nun unter Fürchten und Hoffen der Sache ihren Lauf lassen mußte, brachten die Evangelischen von Linz in Erfahrung, daß die ob der Enns'sche Regierung angeordnet hatte, die evangelischen Glaubensgenossen im Bezirke des Commissariates Linz, mit Ausnahme der Garnison, amtlich zu erheben, auch der Magistrat dieser Anordnung bereits nachgekommen sei und das Verzeichniß der evangelischen Familien und einzelnen Personen dem Mühlkreisamte zur weiteren Einbegleitung an die Landesstelle bereits übergeben habe. Die Linzer mußten fürchten, daß durch eine solche Zählung die zur Errichtung einer selbstständigen Gemeinde erforderliche Seelenzahl von 500 kaum erreicht werden dürfte. Auf ihre frühere Vorstellung, auch die dem zu errichtenden Bethause in Linz näher wohnenden Protestanten des Mühlkreises zu berücksichtigen, war man nicht eingegangen. Die Bevollmächtigten schritten daher unter dem 16. Juli 1827 in einem neuen Gesuche an die Landesregierung ein, und baten, daß auch die Evangelischen des Mühlkreises, besonders in den Distrikts-Commissariaten Schwertberg, Wildberg und Riedegg, ferner in dem Markte Urfahr und in den Commissariaten Freiling, Traun und Wilhering dem Bethause in Linz zugetheilt würden.

Leider war diese Eingabe vergeblich. Denn am 18. October 1827 kam vom Magistrate der Bescheid, daß in Folge Dekretes der h. Landesstelle vom 20. September dem Regierungsgesuche der Evangelischen in Linz keine Folge gegeben werden könne, da der vorhandene Fond von 1000 fl. viel zu klein sei; es könne nur dann eine Verwendung höheren Orts für Gewährung der Bitte eintreten, „wenn nebst dem Lokale ein entsprechender Gründungs- und Erhaltungsfond vorerst nachgewiesen sein wird."

Hier soll noch das Ergebniß der obenerwähnten Zählung der Evangelischen im Linzer Distrikts-Commissariate erwähnt werden. Im Stadt- und Landbezirke lebten:

A. mit dauerndem Aufenthalt:

rein evangelische Familien 63
darunter Väter 55
Mütter 40
Kinder 137
verehelichte Familienhäupter ohne Kinder,
und zwar Väter 27
Mütter 6
verehelichte Familienhäupter, deren Kinder
katholisch, und zwar Väter . . . 68
Mütter . . . 21
kinderlose Witwer 1
kinderlose Witwen 6
ledige Personen 25

Zusammen 386 Personen.

B. **zeitweilig anwesende Fremde:**

männliche 114
weibliche 23
_____
Zusammen 137 Personen.

Das war der Stand der evangelischen Gemeinde Linz am 10. Juli 1827.

IV.

Der treue Glaube läßt den Muth nicht sinken.

Wenn wir jetzt nach Linz blicken und den herrlichen Erfolg aller in den früheren Jahren angewendeten Mühe und ausgestandenen Sorge sehen, und uns dessen freuen, so müssen wir doch wohl sagen: Der Herr hat es im Jahre 1827 schon recht gemacht. Er weiß es wohl, warum er uns die edelsten Zwecke nicht gleich beim ersten Anlauf erreichen läßt; wie das kananäische Weiblein vor Christo, und wie die arme bedrängte Witwe vor dem ungerechten Richter, so müssen auch wir immer wieder und wieder anklopfen, und nur wer treu erfunden wird, dem fällt die Krone zu. Und je schwerer der Kampf, desto herrlicher der Sieg.

Das wußten die Linzer Protestanten wohl auch, darum ließen sie den Muth nicht sinken, — war ja die Aussicht auf endlichen Erfolg nicht ganz abgeschnitten! Freilich fehlte die erste und Hauptbedingung zur Gewährung aller Bitten: ein entsprechender Gründungs- und Erhaltungsfond. Man suchte jeden Kreuzer zusammen, machte Ueberschläge, führte Alles auf das kleinste Maß zurück — und so kam man überein, vor der Hand von der Errichtung einer Schule und Anstellung eines Lehrers abzusehen. Im Jahre 1828, am 1. März, sandten die Bevollmächtigten eine neue Eingabe an die Landesregierung, in welcher sie um die Erlaubniß baten, ein Bethaus bauen und einen eigenen Seelsorger und Cantor anstellen zu dürfen. Zugleich wurden die nähern Nachweisungen hinsichtlich des zu solchen Zwecken nöthigen Fondes vorgelegt und nachgewiesen, daß die jährliche Besoldung des Geistlichen mit 600 fl. und des Cantors mit 200 fl. aufgebracht sei, die übrigen nothwendigen Auslagen aber ihre Deckung durch die sonst in den evangelischen Gemeinden gewöhnlichen Einkünfte finden würden. Der Baufond aber könne nur durch Collekten zusammengebracht werden, zu welchen jede evangelische Gemeinde gesetzlich befugt sei. Die Erlaubniß zu diesen Collekten könne aber erst dann nachgesucht werden, wenn die Bewilligung zur Bildung einer eigenen Gemeinde herabgelangt sei. Endlich könne man jetzt auch noch gar nichts über Anlage und Kosten des Bethauslokales sagen, da alles dieß von der reichen Ergiebigkeit der Collekten abhänge. Zum Schluß wird noch darauf hingewiesen, daß laut den Toleranzgesetzen nicht das Vorhandensein eines Barfonds, sondern einzig und allein der Nachweis der gesetzlich erforderlichen Anzahl von Seelen die Bedingung zur Bildung einer evangelischen Gemeinde sei.

Dem aufmerksamen Leser wird es aufgefallen sein, daß bei allen bisherigen Verhandlungen, die geistlichen Behörden nicht in irgend einer Weise thätig eingegriffen haben. Noch ehe das obige Regierungsgesuch abging, lief ein Schreiben des Seniors Steller aus Thenning, vom 17. Februar 1828, ein, in welchem er sich beklagte, daß er von der Linzer Kirchenangelegenheit nicht mehr wisse, „als was das Gerücht von der Errichtung eines Pastorates und Erbauung eines Bethauses in Linz unter das Volk verbreitet hätte." Er sei von dem evangelischen Consistorium A. C. in Wien aufgefordert, Bericht zu erstatten, wie weit die ganze Sache gediehen sei, erwarte also eine genaue und erschöpfende Auskunft. Die Antwort vom 29. Februar konnte sich natürlich nur auf die Anzeige beschränken, „daß die Linzer evangelischen Glaubensgenossen bei der ob der Enns'schen Regierung die Errichtung eines evangelischen Bethauses und die Anstellung eines Pastors und Cantors angesucht haben, daß aber dieser Gegenstand bis jetzt noch im Zuge der Verhandlung stehe."

Während das Regierungsgesuch seinen Weg machte, legten die Linzer ihre Hände keineswegs in den Schooß. Vor Allem waren sie auf die Vermehrung des Baarfondes bedacht und trugen Sorge, daß in dem Augenblicke, in welchem der Bethausbau beginnen könne, liebreiche Unterstützungen gesichert wären. Die Bevollmächtigten der Gemeinde wandten sich daher bittlich an die Frau Erzherzogin Henriette, an den Herzog Ernst von Sachsen-Coburg-Gotha, der bedeutende Besitzungen in Ober-Oesterreich hat, und an den Herzog Ferdinand von Württemberg um die gnädige Zusage von Unterstützungs-Beiträgen.

Bald darauf zeigte es sich auch, daß man höheren Orts die Linzer Sache nicht liegen lasse, sondern sich ernstlich und eingehend mit ihr zu beschäftigen schien. Die Bevollmächtigten der Gemeinde erhielten eine Zuschrift des Magistrats vom 12. August, in welcher Aufklärung verlangt wurde, „aus welchen allfälligen Veränderungen der Lokalverhältnisse die Linzer Akatholiken nicht mehr in der Lage sind, das Bethaus in Thenning besuchen zu können, oder ob nur die nähere Lage und der natürliche Wunsch, mit größerer Bequemlichkeit ihren Gottesdienst zu besuchen, dem Gesuche zur Errichtung eines eigenen Bethauses in Linz zum Grunde liege."

Die Antwort auf diese Fragen erfolgte schon am 20. August in umständlicher und eingehender Weise. Sie war wie alle andern vorhergegangenen Eingaben von Dr. Lindauer verfaßt, wurde im Namen der sämmtlichen Evangelischen von den Bevollmächtigten unterzeichnet, und dem Magistrate am 23. August überreicht. Es wurde zuerst hervorgehoben, daß nach dem deutlichen und klaren Wortverstande der Toleranzgesetze es nicht um die Frage zu thun sein könne, ob die Linzer Evangelischen im Stande sind, das Bethaus zu Thenning besuchen zu können oder nicht, oder ob Veränderungen in den Lokal-Verhältnissen eingetreten sind, welche sie an dem Besuche jenes Bethauses hindern oder ihnen denselben erschweren würden. Nach dem Gesetze sei den Evangelischen das Recht eingeräumt, an denjenigen Orten ein Bethaus zu errichten, wo 100 Familien oder 500 Personen dem evangelischen Glauben angehören. Es könne hier also nur darauf ankommen, nachzuweisen, daß in Linz und Umgebung die erforderliche Seelenzahl vorhanden sei. Dieser Beweis sei bereits im Jahre 1827 geführt worden durch Vorlage einer Seelenbeschreibung, welche die gesetzlich geforderte Zahl noch um ein Bedeutendes überstieg. Ferner sei es schon in dem Regierungsgesuche vom Jahre 1827 ausgesprochen worden, daß es ein schon seit lange gefühltes, höchst bringendes Bedürfniß der Evangelischen in und um Linz sei, sich in einer Kirchengemeinde zu vereinigen, und einen eigenen Prediger und Gotteshaus zu haben. Je länger das Bethaus zu Thenning besucht wurde, desto bringender habe sich dieses Bedürfniß und der Wunsch nach Befriedigung desselben herausgestellt, und so sei man zu dem ersten und allen folgenden Schritten gekommen. Auch könne von einem blossen Wunsche nach größerer Bequemlichkeit im Kirchenbesuch keine Rede sein, hier sei eine Nothwendigkeit vorhanden, worüber man sich früher bereits deutlich ausgesprochen habe. Jetzt wolle man nur darauf hinweisen, daß nach den amtlichen Erhebungen, die nöthige Seelenzahl vorhanden, und diese sich während der Dauer der Verhandlungen sicher vermehrt habe; die Entfernung von Thenning betrage 2—3 Stunden; Viele müssen ihren Weg nach Thenning über Linz nehmen, oder hätten doch hieher bedeutend näher, und nach den gesetzlichen Vorschriften müßten diese Alle der Gemeinde Linz zugetheilt werden. Durch diese Zutheilung könne Thenning nichts verlieren, da die dortige Seelenzahl gegenwärtig die Zifferzahl von 2500 erreicht, für welche Zahl die Thenningerkirche viel zu klein sei. Für Viele bringe ein Kirchgang nach Thenning aus Ursache ihrer geschäftlichen Verhältnisse bedeutenden Schaden, Allen verursachen die Reiseauslagen und die Versäumniß im Geschäft größere Kosten, als der jährliche Beitrag zum Unterhalte der eigenen Kirche und des eigenen Pfarrers ausmachen würde. Endlich stehe es fest, daß bei einer kräftigen Entwickelung des religiösen Gemeindelebens alle

Tugenden, also auch das Wohl des Staates wachse, und in diesem Betracht müssen alle Nebenrücksichten schwinden, sie mögen aus Lokal- oder anderen Verhältnissen entspringen.

Es war der Sommer vorüber gegangen, es kam der Herbst und die ersten Anzeichen des Winters erschienen — und noch harrten die Linzer vergeblich auf eine Erledigung. Die Einen frohlockten schon im Herzen, die Andern fingen an zu fürchten, es käme am Ende wieder eine abschlägige Entscheidung. Man wollte daher einen neuen, vielleicht entscheidenden Schritt thun — wenigstens konnte es der Sache nicht schaden, wenn ihr ein gewisser Nachdruck gegeben ward. Kosseck ging nach Wien; am 11. November 1828 überreichte er ein Gesuch um Entscheidung der Linzer Angelegenheit Sr. Majestät dem Kaiser selbst.

Endlich Ende Jänner 1829 gelangte in die Hände der Bevollmächtigten jenes Schriftstück, auf das Alle ihre Hoffnungen gesetzt hatten. Aber diese sollten mit Einem Schlage zertrümmert werden. Das Mühlkreisamt sandte unter dem 25. Jänner die Botschaft, daß das Gesuch der Linzer Evangelischen in jedem Punkte abgewiesen sei, „da sich die Zahl der zur einheimischen, und somit zur stabilen Bevölkerung gehörigen Akatholiken nach der dießfalls gepflogenen genauen Erhebung nicht, wie behauptet wird, auf die vorschriftmäßige Zahl von 100 Familien oder 500 Personen beläuft; auch kein entsprechender Gründungs- und Erhaltungsfond nachgewiesen, sondern dießfalls lediglich auf freiwillige Beiträge und andere durch die Erfahrung als unzuverlässig bewährte Zuflüsse hingewiesen werden kann; endlich selbst das wahre bringende Bedürfniß der beantragten Bethaus-Einrichtung bei der Erwägung, daß ein solches in unbedeutender Entfernung zu Thenning besteht und bis nun von den Akatholiken der Umgegend ohne Anstand besucht worden ist, nicht wohl einleuchten will." Und — hieß es — damit sei zugleich auch das im November eingebrachte Majestätsgesuch erledigt.

Am 12. Februar zeigten die Bevollmächtigten an, daß sie gegen diese Entscheidung den Hofrekurs ergreifen würden und baten zu diesem Zwecke um Abschriften der Seelen-Erhebung und zugleich um Verlängerung der Frist zur Rekurseingabe. Da aber jene Abschriften verweigert wurden, und es überhaupt den Anschein hatte, als ob der Hindernisse gegen die Gründung einer evangelischen Gemeinde in Linz immer mehr hervorgesucht würden, so sahen die Bevollmächtigten jene abschlägige Entscheidung als einen höhern Wink an, ihre heiligen Zwecke bis auf bessere Zeit nicht weiter zu verfolgen. Die sämmtlichen Evangelischen waren „zu dem schmerzlichen Opfer entschlossen, es zu versuchen, in wie weit es ihnen möglich sein könne, ohne ihrem Gewissensdrange und dem religiösen Eifer überhaupt unwiderstehliche Fesseln anzulegen, sich auf den Gottesdienst in Thenning zu beschränken."

Schon am folgenden Tage (13. Februar) lief vom Mühlkreisamte die Weisung ein, daß in Folge Ansuchens des ob der Enns'schen Superintendentur-Verwesers die Evangelischen in Linz als zum Bethause in Thenning gehörig zu betrachten seien. Und so geschah es denn auch; einzelne Glaubensgenossen begaben sich nach Thenning in den Gottesdienst, der dortige Pfarrer, nunmehr Superintendentur-Verweser Steller, verrichtete in Linz alle dort vorkommenden Funktionen, aber ein jährlicher Beitrag an die Thenninger Kirchenkasse wurde nicht gezahlt.

Nach solchen Erfahrungen war es auch dem bisherigen Vorsteher und Bevollmächtigten, Freiherrn von Rosenberg nicht zu verdenken, daß er sein mühevolles und so wenig erfreuliches Amt niederlegte. An seine Stelle wurde D. Mylius zum Bevollmächtigten und W. Scharte zum Vorsteher gewählt.

So war nun eine unfreiwillige Ruhe eingetreten, in welcher die Sehnsucht nach einem eigenen Gotteshause nur wachsen konnte und die hervorragenden Häupter der Gemeinde die sichere Hoffnung hegten, daß ein erneutes Ergreifen der heiligen Sache solche Geister vorfinden werde, die durch Geduld gestählt wären.

V.
Die alte Sehnsucht wird neu.

Jene Ruhe und Unthätigkeit dauerte bis gegen Ende des Jahres 1833. Der größte Theil der evangelischen Glaubensgenossen in Linz und Umgebung entbehrte des Gottesdienstes, die Jugend blieb ohne geordneten religiösen Unterricht, ja stand theilweise in Gefahr dem evangelischen Glauben entfrembet zu werden, da die Kinder katholische Schulen besuchen mußten; die Kranken konnten häufig das heil. Abendmahl nicht mehr erlangen, und wenn der Thenninger Pfarrer, der mittlerweile Superintendent geworden war, auch in christlicher Liebe redlich das Seine that — er konnte doch nichts über Menschenkraft thun. Die alte Sehnsucht ward wieder neu — aber davon war man überzeugt, der Weg, auf dem man früher das Ziel zu erreichen bemüht war, konnte nicht mehr eingeschlagen werden. Und doch durfte auch der bisherige höchst betrübte Zustand nicht bleiben, er war auf die Dauer unerträglich.

Welcher Weg war aber zu gehen? — Kein anderer, als den der Herr Anfangs gleich durch den Brief der Thenninger gezeigt hatte! Als 1829 die Linzer nach Thenning eingepfarrt worden waren, mochte vielleicht mancher über diese Anordnung unwirsch geworden sein; allein die Zeit gab einer milderen Anschauung Raum und, wer konnte es wissen, ob nicht gerade der engste Anschluß an Thenning das Mittel zur Selbstständigkeit werden sollte?

Gegen Ende 1833 griffen die Linzer ihre Angelegenheit wieder an. Ein Schreiben der evangelischen Bürger und Einwohner von Linz und Umgebung — 104 Namen waren unterschrieben — ging am 10. November an die Superintendentur nach Thenning ab. Man bat um Abhilfe des traurigen religiösen Zustandes in Linz und ersuchte den Superintendenten, er wolle sich bei den Behörden für Errichtung einer Filiale von Thenning in Linz verwenden; es könnte ja der Thenninger Vikar jeden Sonn- und Feiertag in Linz den Gottesdienst halten und die übrigen geistlichen Funktionen verrichten; man sei gern bereit, dafür einen jährlichen Beitrag zum Besten des Pfarrers zu zahlen, auch würde man für Ausmittlung eines Lokales zu den gottesdienstlichen Handlungen die nöthige Sorge tragen.

Dieses Schriftstück gab Veranlassung zu einem Briefwechsel, der zwischen Thenning und Linz sehr eifrig geführt wurde. Als einer der lebhaftesten Theilnehmer an diesem Briefwechsel tritt jetzt ein Mann auf, der zwar schon längere Zeit in Linz wohnhaft, bisher dennoch mehr im Hintergrunde gestanden war — es ist das der bürgerliche Zuckerbäcker Johann Conrad Vogel. Er wurde am 9. August 1797 in Weißenzell bei Ansbach in Bayern geboren. Er lernte die Conditorei und kam durch Vermittlung Kießlings, mit dem er in Nürnberg bekannt geworden war, am 1. November 1822 als Werkführer in das Zuckerbäckergeschäft der Wittwe Kreß in Linz. Das Häuflein der damals in Linz lebenden Protestanten hatte an ihm einen wahrhaft lebendigen evangelischen Christen gewonnen, der in der Schule der wunderbaren Prüfungen und Führungen Gottes die Herrlichkeit des Christusglaubens kennen gelernt hatte.

Dieser Mann nun ist es, der jetzt in die Angelegenheiten der aufstrebenden Gemeinde thätig eingreift und an dem Zustandekommen dessen, was wir heute vor uns sehen, einen großen Antheil hat. Er gehörte nicht nur mit zu denen, welche den Superintendenten baten, sich höheren Ortes zu verwenden, daß dem traurigen Zustande der Linzer evangelischen Glaubensgenossen abgeholfen werde, sondern trat im Interesse seiner Mitbürger noch im selben Jahre 1833 mit der Kirchen-Vorstehung von Thenning und dem Superintendenten Steller in brieflichen Verkehr. Der Ersteren werden Vorschläge bezüglich des Verhältnisses zwischen Linz und Thenning gemacht und allen Ernstes darauf angetragen, Thenning solle Linz als Filiale anerkennen. Das Ergebniß der Berathungen der Thenninger Vorsteher theilte deren Pfarrer, Superintendent Steller in einem Schreiben vom 14. Jänner 1834 an Vogel mit. Die Linzer werden aufgefordert, in einer schriftlichen Eingabe sich auszusprechen, „daß sie als der Gemeinde Thenning eingepfarrte Mitglieder betrachtet sein wollen." Es wird ihnen bedeutet, daß weder die Superintendentur, noch das Pastorat, sondern die Interessenten selbst einzuschreiten haben, wenn sie eine Filiale von Thenning bilden wollen; die Superintendentur sei einem solchen Begehren nicht entgegen, werde es vielmehr unterstützen und von Thenning aus so lange die Gottesdienste in Linz besorgen, bis günstigere Umstände die Anstellung eines eigenen Predigers gestatten.

Schon am 20. Jänner 1834 langte in Thenning die Erklärung der Linzer Evangelischen ein: „Wir betrachten uns hiermit als der Gemeinde Thenning eingepfarrte Mitglieder und sind bereit, wie andere Mitglieder einen jährlichen, jedoch freiwilligen Beitrag zur Bethauskasse zu leisten. Für das erste Jahr erklären wir, zu diesem Zwecke 50 fl. CM. zu leisten; wie viel jedoch in den folgenden Jahren gegeben wird, können wir gegenwärtig noch nicht versichern. Uebrigens bedingen wir uns, daß dieser jährliche Unterstützungs-Beitrag immerhin nur als freiwilliger und auf unbestimmte Zeit geltend betrachtet werden könne." Sofern die Linzer von Thenning aus einen Gottesdienst alle 14 Tage oder drei Wochen erhalten, verpflichten sie sich den jährlichen Beitrag zu erhöhen, so zwar, daß der dritte Theil des eingehenden Geldes nach Thenning fließen soll. Schließlich tragen sie darauf an, daß einige Männer als Vorsteher unter den Evangelischen von Linz und Umgebung gewählt werden.

Das Antwortschreiben der Gemeinde Thenning (vom 27. Februar) billigte alle Vorschläge der Linzer und nahm sie mit Freuden an, bringt aber auf die sofortige Wahl eines Vorstehers, denn nur dann erst können die Berathungen über die

Gottesdienste in Linz stattfinden. — Die Linzer waren nicht
säumig; es wurde am 10. März an sämmtliche Glaubensgenossen
ein Aufruf niedergeschrieben, der wegen der Unmöglichkeit einer
Zusammentretung zur Wahl den bürgerlichen Zuckerbäcker Johann
Conrad Vogel, als einen das allgemeine Vertrauen genießenden
Mann, zum Vorsteher vorschlägt. Dieser Vorschlag fand all=
gemeine Zustimmung; Vogel war nun der erwählte Vorsteher,
er empfing die vorhandenen Gelder, zahlte den Beitrag von
50 fl. an die Thenninger Kirchenkasse aus und wurde nach
vorausgegangener Anzeige an das Mühlkreisamt unterm 7. De=
zember 1834 pfarrämtlich bestättiget. — So war der erste
Grundstein zum Aufbau des künftigen Gemeindewesens gelegt!

VI.

Prüfung in der Geduld.

Das Jahr 1834 war zu Ende gegangen, der neue Früh=
ling kam herbei und wie daußen in Feld und Wald die Gräser
und die Bäume zu sproßen anfingen, da begann auch die Sehn=
sucht der Linzer mächtiger zu treiben. Neben dem Vorsteher
Vogel wirkten noch immer die Bevollmächtigten der früheren
Zeit — Vogel war als der Erste in ihrer Mitte. Der Gedanke
an Selbstständigkeit beschäftigte alle Herzen; ihn zur Wirklichkeit
zu machen, mußte Linz vorerst eine Filiale werden. Auf die
Erreichung dieses Zweckes war nun auch das Augenmerk zu
richten. Man ging rüstig ans Werk. Dr. Lindauer hatte zwei
Tage lang mit Vogel sich besprochen und arbeiteten eine Eingabe
an die Landes=Regierung aus, worin die Bevollmächtigten im
Namen der sämmtlichen Evangelischen um die Erlaubniß bitten,
ein evangelisches Bethaus in Linz errichten und monatlich einen
oder zwei Gottesdienste feiern zu dürfen. Die Schrift, vom
3. März 1835 datirt, ist sehr umfangreich und beruft sich auf

die beiden früheren Regierungs-Eingaben (vom Jahre 1827 und 1828); die abschlägig beschieden worden waren, obgleich es leicht gewesen wäre, die hohen Orts angeführten Gründe der Abweisung zu entkräften. Nach Ablauf der letzten sechs Jahre habe sich die Nothwendigkeit der Errichtung eines Bethauses in Linz aufs Unwiderleglichste herausgestellt. Aus dem so genau als möglich aufgenommenen Personen-Verzeichnisse sei zu ersehen, daß in dem Burgfried der Stadt Linz 314 Personen der evangelischen Religion angehören, von denen 215 daselbst ihren ordentlichen Wohnsitz, 99 dagegen einen zeitlichen Aufenthalt haben; in Bezug auf die letzteren sei aber jährlich im Durchschnitt die gleiche Zahl anzunehmen, indem der Abgang stets wieder vom Zufluß ersetzt werde. Außerhalb des städtischen Burgfriedens, aber noch innerhalb des städtischen Commissariates befinden sich 236 einheimische Evangelische und 39 mit zeitlichem Aufenthalte, in den übrigen Commissariats-Bezirken des oberen Mühlkreises, und in den an der Donau abwärts bis einschließlich Greinburg, sowie zunächst der Grenze von Nieder-Oesterreich gelegenen und der Pfarre Thenning zugetheilten Bezirken seien etwa 100 Einheimische und 32 zeitlichen Aufenthaltes, welche dem evangelischen Glauben angehören — es seien jedoch diese Zahlen sicher zu niedrig genommen. Aber schon hieraus sei es klar, daß die zur Pfarre Thenning gehörigen Protestanten, welche der Stadt Linz näher liegen, 551 betragen, dazu kämen noch die beiläufig 170, die bloß einen zeitlichen Aufenthalt hier hätten. Es sei somit eine Anzahl von Evangelischen vorhanden, die der gesetzlichen Forderung zur Errichtung eines Bethauses und Anstellung eines eigenen Predigers mehr als genügt. Und diese Alle befänden sich bezüglich des Gottesdienstes in der traurigsten Lage, und zwar wegen der weiten Entfernung von Thenning. Und wenn Einzelne durch die Weite des Weges sich nicht abhalten lassen, so kommen sie matt und müde nach Thenning und finden in dem engen Bethaus keinen Platz zum Sitzen, denn dieses hat bei einer Zahl von 3000 Seelen nur 1000 Sitzplätze.

Obgleich nun alle gesetzlichen Erfordernisse zur Errichtung eines Bethauses und Anstellung eines Predigers in Linz vorhanden wären, so beschränke man sich doch auf die Bitte, daß ein- oder zweimal im Monate von dem in Thenning angestellten Seelsorger Gottesdienst gehalten und zu diesem Behufe ein Bethaus in Linz errichtet werden dürfe. Nicht bloß, daß die bestehenden Gesetze zu dieser Bitte berechtigen, sondern die Superintendentur und das Pastorat Thenning sei ebenfalls von der Nothwendigkeit eines evangelischen Gottesdienstes in Linz überzeugt und ist der Superintendent zur Abhaltung des Gottesdienstes gerne bereit, was um so leichter sei, da der Pastor zu Thenning einen Vikar habe. Die Kosten dieser Gottesdienste würden durch die jährlichen Beiträge der Gemeindeglieder von Linz und Umgebung und durch die Erträgnisse des Klingelbeutels sehr leicht aufgebracht. Auch verliere durch eine solche Einrichtung die Thenninger Gemeinde nichts, ja sie habe bereits ihre Zustimmung ausgesprochen. Es handle sich nur noch um die Ausmittlung eines angemessenen Lokales für den Gottesdienst und um die Nachweisung des Fondes zur Errichtung und Erhaltung eines Bethauses. Da habe sich der evangelische Bürger und Grundbesitzer Michael Salzer bereit erklärt, von seinem in der Lustenauergasse in Linz gelegenen eigenthümlichen Grunde der evangelischen Gemeinde denjenigen Flächenraum abzutreten, der zur Erbauung eines Bethauses nöthig ist, und der Gemeinde die ☐ Klafter für 2 fl. CM. zu verkaufen. Nach dem beigelegten Plane wären 77 ☐ Klafter Flächenraum nöthig, welche 154 fl. kosten; nach dem Voranschlage betragen die Baukosten des Bethauses 4955 fl. 21 kr., die Herstellung von beiläufig 500 Kirchensitzen 200 fl., Altar, Kanzel, Orgel, Kelch, Leuchter und sonstige Einrichtungen 600 fl., zusammen 5909 fl. 21 kr. Die erste Ablösung der Kirchensitze trage mindestens 1000 fl. ein; zur Deckung des Restes haben sich einzelne (genau verzeichnete) Mitglieder verbindlich gemacht, einen Baubeitrag von 2650 fl. 54 kr. zu leisten; sollte nach den, den Evangelischen gesetzlich zustehenden Sammlungen im In- und Auslande noch ein Rest zur Deckung übrig bleiben, so haben sich mehrere wohlhabende Mitglieder bereit erklärt, jenen Rest in einem unverzinslichen Darlehen gegen Rückzahlung in Raten vorzustrecken. Würden die Erhaltungskosten des Bethauses (sammt Reisekosten des Geistlichen) jährlich mit 100 fl., die Besoldung des Küsters mit 25 fl., die kleinen Reparaturen mit 20 fl. — zusammen 145 fl. CM. angenommen, so decken sich diese durch den Ertrag des Klingelbeutels, der jährlich mindestens auf 24 fl. angenommen werden kann, und durch die jährliche Zahlung für Kirchensitze: 250 fl., zusammen mit 274 fl., so daß also noch ein Ueberschuß von 129 fl. bliebe. Zur Zurückzahlung der etwa aufzunehmenden Kapitalien diene der jährliche Beitrag der Mitglieder. Aus allen diesen Gründen gebe man sich der Hoffnung hin, daß dießmal die Bitte der Linzer Protestanten gewährt werden dürfte.

Dieses Gesuch war unterzeichnet von J. C. Vogel, Fr. Eurich, B. Kossel, H. Lindner, Th. Danzmayer, A. Mittermayer und J. Kirchmayer.

Am 11. Oktober 1835 forderte die Landesregierung von der oberösterreichischen Superintendentur ein Gutachten über die Eingabe der Linzer Evangelischen. Superintendent Steller gab es am 3. November 1835. Vier Punkte waren es, die zur Sprache kamen:

1) **Der enge Raum des Bethauses in Thenning.** Dasselbe sei für die auf 2800 Seelen angewachsene Gemeinde allerdings viel zu klein, und obwohl die in Linz und Umgebung wohnenden Mitglieder äußerst selten, viele kaum einmal in ein bis zwei Jahren, im Gottesdienste erscheinen, so hätten dennoch die übrigen Gemeindeglieder im Thenninger Bethause keinen Platz.

2) **Die im Verzeichniß aufgenommenen, angeblich zum Pastorat Thenning gehörigen Familien und Individuen.** Gegen Westen und Sü-

den grenze das Thenninger Pastorat an die Pastorate Efferding, Scharten und Wels, nach Osten reiche es bis Amstetten in Nieder-Oesterreich, und gegen Norden bis Freistadt, ja bis Budweis in Böhmen; es sei daher die im Verzeichniß angegebene Anzahl von Protestanten wohl richtig, und die Normalzahl von 500 Seelen werde jedenfalls überstiegen.

3) **Erörterungen sonstiger zur Begründung des unabweislichen Bedürfnisses eines Filial-Bethauses in Linz angeführten Verhältnisse.** Die Seelsorge der Evangelischen in Linz und Umgebung sei zwar bisher stets, so oft sie gefordert wurde, geleistet worden, aber sie könne nur dann genügend und segensreich verwaltet werden, wenn den Evangelischen in und um Linz die Abhaltung zeitweiliger Gottesdienste und die Errichtung eines Filial-Bethauses gestattet wird. Aehnliche Filial-Bethäuser bestehen an vielen Orten des Kaiserstaates, ihre Errichtung gründe sich auf das Hofdekret vom 15. Mai 1808.

4) **Erörterung der vom Mühlkreisamte und Magistrate Linz angeregten Bedenken:** a) gegen den ausgewiesenen Fond; was diesen anbelange, könne die Superintendentur die Zulänglichkeit desselben zum Bau des Bethauses zwar nicht behaupten, glaube aber nach den neuesten Erfahrungen, daß die in dem Gesuche der Linzer angeführten Quellen nicht trügerisch seien. Was den jährlichen Unterhaltungsfond betrifft, so erscheine derselbe mehr als hinreichend, da kein eigener Prediger zu erhalten ist. b) gegen die Unzulänglichkeit des Gottesdienstes, zumal für Fälle der Ausspendung der „Sterbesakramente." Wenn die Evangelischen von Linz und Umgebung bisher kaum einmal im Jahre dem Gottesdienste in Thenning beiwohnten, so könne von der Unzulänglichkeit eines jährlich 12—16maligen Gottesdienstes nicht gesprochen werden. Die Ausspendung der „Sterbesakramente" stehe mit dem öffentlichen Gottesdienste in gar keiner Verbindung; sie sei bisher auf Verlangen jedesmal geschehen, und so soll es auch in Zu-

kunft gehalten werden. Endlich bezüglich der Frage, ob die Abhaltung des Gottesdienstes in Linz der Kirchengemeinde Thenning nicht zum Nachtheile gereiche, habe nicht blos das Pastorat und die Superintendentur, sondern auch die Vorstehung ihre Einwilligung gegeben.

Es ist aus diesem kurzen Auszuge des Superintendential-Schreibens ersichtlich, mit welcher Wärme die Errichtung eines Filial-Bethauses in Linz von Seiten des Superintendenten Steller befürwortet wurde, und sogar das evangelische Consistorium in Wien sprach die Hoffnung aus, es dürfte den heißesten Wünschen der Linzer Evangelischen keine weiteren Schwierigkeiten entgegen gestellt werden; zugleich wurde die Superintendentur beauftragt, die Bittsteller zu verständigen, daß das Consistorium diese Angelegenheit immer im Auge behalten und bei jeder Veranlassung das Gedeihen derselben möglichst fördern wolle.

Es war im Dezember 1835, als diese Nachricht nach Linz kam; die dortigen Evangelischen athmeten freier und fröhlicher auf — waren sie ja doch wohl berechtigt, sich mit den schönsten Hoffnungen zu tragen, und schien es doch, als ob alle ihre bisherigen Bemühungen mit Erfolg gekrönt und ihre Geduld gesegnet werden sollte. Denn bald darauf wurde ihnen folgender Regierungs-Beschluß mitgetheilt: „die ob der Enns'sche Landes-Regierung stimme dem Antrage des Superintendenten Johann Steller vollkommen bei. Da der Verein mehrere würdige, verdienstvolle und in jeder Beziehung achtbare Bürger in sich faßt und es denselben nach der vollen Ueberzeugung der Regierung auch in pekuniärer Hinsicht nicht fehlen dürfte, die Mittel zur Erbauung eines Bethauses in Bälde herbeizuführen; daher er nur noch der hohen Genehmigung seiner ehrfurchtsvoll gewagten Bitte von Seite einer hochl. k. k. vereinten Hofkanzlei sehnsuchtsvoll entgegen sehe."

Dieser Regierungs-Beschluß wurde in den ersten Tagen des Jänner 1836 mit sechs gegen zwei Stimmen gefaßt und ging am 22. Jänner an die Hofkanzlei ab. Der damalige

Regierungs-Präsident Fürst Kinsky war der gerechten Bitte der Linzer keineswegs abgeneigt; als Vogel und Lindner in dieser Angelegenheit bei ihm eine Audienz hatten, besprach er sich eine volle Stunde mit ihnen, nahm die Pläne von Linz zur Hand, prüfte genau die örtliche Lage des zu erbauenden Bethauses und versprach, der Sache förderlich sein zu wollen. Man erzählte sich in jener Zeit, daß der damalige Bischof von Linz, Ziegler, dem Fürsten Kinsky die Betheuerung gemacht haben solle: falls den Protestanten ihre Bitte bewilligt werde, sei er entschlossen, seinen Stab niederzulegen. Nun, soll Kinsky geantwortet haben, dann wird ihn ein Anderer aufheben.

Unter Harren und Warten verging das Jahr 1836, eine lange Zeit — und es kam keine Entscheidung! Es schien gewiß, daß von irgend einer Seite her ein gewaltiges Hinderniß den Plänen der Linzer Protestanten in den Weg geschoben war; das Bedürfniß eines Bethauses war von geistlichen und weltlichen Behörden anerkannt, die Landesregierung hatte ihre Zustimmung gegeben, nur eine den Evangelischen feindselige Partei konnte ein Interesse daran haben, die günstige Entscheidung, wenn nicht ganz zu verhindern, so doch wenigstens ins Ungewisse hinaus zu schieben. Und daß sie Feinde hatten, wußten die Linzer. Darum mußte etwas gethan werden, und wenn damit auch kein anderer Erfolg erreicht wurde, so gab man doch wenigstens den Beweis, daß man an der Sache noch immer mit der alten Liebe hänge. Zunächst wurde unterm 26. September 1836 ein Promemoria verfaßt, welches die ganze Angelegenheit in kurzen Worten aussprach und dem damaligen Staats- und Conferenz-Minister Grafen Kolowrat in Wien mit der Bitte überreicht wurde, sich der Bethaussache in Linz anzunehmen und für die Baubewilligung zu wirken. Als auch dieses Promemoria ohne Erfolg blieb, gaben am 6. Jänner 1837 die Linzer Evangelischen ein Majestätsgesuch ein, in welchem sie um baldige Bewilligung zur Erbauung eines Bethauses baten. Am 21. Februar kam eine Zuschrift des Mühlkreisamtes, in welcher bezüglich des Majestätsgesuches den Bittstellern bedeutet wurde, daß sie laut Hofkanzlei=Erlaß vom 30. Jänner „die noch nicht erflossene allerhöchste Entscheidung in Geduld abzuwarten haben."

VII.
Die Bewilligung zum Bethausbau.

Wahrlich, das kostbare Gut eines eigenen Gotteshauses lernt man erst dann recht schätzen, wenn es unter solchen Beschwerden und Geduldsprüfungen errungen wird, wie es in Linz der Fall war. Fünfzehn Jahre waren nun schon dahin gegangen, seit zum ersten Male in größerer Versammlung, freilich im Verborgenen, Gottes Wort zu den Herzen mit lauter und vernehmlicher Stimme gesprochen hatte. Zehn Jahre waren verflossen, seit die erste Eingabe der Linzer Protestanten um die Bewilligung zum Bau eines Bethauses abgegangen war. Und im Jahre 1837 standen sie noch immer nur am Anfange, konnten nicht sagen, daß sie mehr als den ersten Schritt gethan hätten. Was liegt wohl noch in der Zeiten Hintergrunde?

Die Linzer waren fest entschlossen, um die Erlangung ihres Rechtes und für Erreichung eines guten Endes so lange zu bitten, als es nur immer möglich wäre. Einmal muß und wird der Herr im Himmel doch wohl ein Erbarmen haben und die Herzen der Mächtigen lenken. Am 17. April 1838 reichten sie ein neues Majestätsgesuch um willfährige Erledigung ihrer Bitte wegen Errichtung eines Filial=Bethauses ein; am 20. Juli desselben Jahres wagten sie es, in einem erneuerten Regierungs=Gesuche die hohen Behörden daran zu erinnern, daß ihre Sache noch immer der Entscheidung harre. —

Endlich kam am 15. November 1838 eine doch wenigstens halbwegs gute Botschaft; sie erquickte augenblicklich, etwa wie den in der Fieberhitze Liegenden ein Trunk Wasser, wenn dieses

auch nicht die Genesung bringt. Es war nämlich ein Consistorial-
Erlaß (vom 29. Oktober) gekommen, aus welchem hervorging,
daß die Hofkanzlei dem evangelischen Consistorium am 22. Oktober
die Mittheilung gemacht habe, die allerhöchste Schlußfassung über
das Einschreiten der evangelischen Glaubensgenossen zu Linz
werde folgen.

Nun lag darin allerdings eine sehr zweifelhafte Hoffnung,
war ja doch nicht einmal gesagt, daß jene Schlußfassung eine
zustimmende sein werde. Was sollten die Linzer erwarten? Hatte
nicht dasselbe Consistorium bereits 1835 die Hoffnung ausgesprochen, es würden den Linzern ihre Bitten bewilligt werden?
Was hatten sie bis heute erhalten? Und konnten nicht noch
immer mächtige Gegner dem ohnmächtigen Häuflein der Linzer
Protestanten unübersteigliche Hindernisse in den Weg legen? So
war es ihnen also auch nicht zu verargen, daß sie sich der
Freude erst dann hingeben wollten, wenn die Bewilligung ihrer
Bitten wahr und klar vor ihnen läge.

Oder waren solche Befürchtungen ohne Grund? Am
21. Februar 1839 erhielten die Linzer das Majestäts-Gesuch
vom 17. April 1838 zurück; ein kreisämtliches Schreiben vom
15. Februar gab Nachricht, daß laut Regierungs-Erlasses vom
2. Februar die Evangelischen in Linz in Betreff ihres Gesuches
zur Gedult zu verweisen seien.

Also wieder zur Gedult! O du armes Menschenherz, wie
oft wirst du zur Gedult verwiesen, und in deiner Gedult-
erweisung stehst du endlich stille! Aber die Kirche Gottes, die
Gemeinde Christi nicht also. Sie stirbt nicht, denn der Urquell
alles Lebens ist in ihrer Mitte, und wenn sie hundert Evangelische in das Grab legen, andere hundert und noch mehr
treten auf den leeren Platz des Vordermanns. Die Linzer hatten
Gedult und wurden in ihr bewährt erfunden.

Mitten in diesen Gedultsprüfungen erstarb dennoch die
Hoffnung auf einstige schönere Tage nicht, ja man fand sogar
Zeit, sich mit Geldsachen zu beschäftigen und nahm im Jahre

1840 die Einsammlung der bereits 1834 subscribirten Beiträge für den künftigen Bethausbau vor. Am 23. Februar forderte man die Mitglieder zur Zahlung auf und in kurzer Zeit waren 2650 fl. 54 kr. CM. eingezahlt; zu dieser Summe wurde der aus dem Jahre 1839 vorhandene Ueberschuß mit 57 fl. 35 kr. CM., und ein neuer Beitrag von 55 fl. 10 kr. CM. geschlagen, so daß jetzt der Gründungsfond die Summe von 2763 fl. 39 kr. CM. betrug.

So war der März 1841 herbeigekommen. Die fortwährende Rührigkeit der Linzer Evangelischen hatte eine a. h. Entschließung vom 11. Februar 1841 (Hofkanzlei=Dekret vom 15. Februar) hervorgerufen, welche für alle Zukunft bei Errichtung von protestantischen Filial=Bethäusern maßgebend sein sollte. Am 18. März 1841 wurde die oberösterreichische Superintendentur mit dem Inhalte derselben bekannt gemacht: „künftighin dürfen derlei Filial=Bethäuser nur mit Bewilligung der Landesstelle, mit Freilassung des Rekurses an die Hofstelle, errichtet, und es darf die Bewilligung dazu nur dann ertheilt werden, wenn ein bleibendes Bedürfniß einer größeren Zahl von zu einem Pastorat gehörigen, aber am Gottesdienste im Pastorat=Bethause Theil zu nehmen nicht fähigen Protestanten diese Maßregel erfordert, wenn die Kosten dieser Anstalt durch gesetzlich zulässige Quellen bedeckt sind, und wenn und inwiefern dadurch keine Rechte dritter Personen gekränkt werden."

Das war mit offenbarer Beziehung auf Linz gesprochen, und Superintendent Steller nahm keinen Anstand, von diesem Erlaß die Linzer in Kenntniß zu setzen. Bald darauf, am 13. April, erhielten aber auch die Bevollmächtigten der Linzer Gemeinde ein Schreiben vom dortigen Magistrat, aus dem hervorging, daß die Landesregierung von der Hofkanzlei die Weisung erhalten habe, das Gesuch der Linzer Evangelischen im Sinne der a. h. Entschließung vom 11. Februar der weiteren Entscheidung zuzuführen. Zu diesem Ende sei der Magistrat beauftragt, „die evangelischen Glaubensgenossen von Linz, bei dem Umstande, daß seit den früheren Verhandlungen ein Zeitraum von fünf Jahren verflossen ist, neuerlich über die Art, in welcher sie nach der Andeutung der a. h. Entschließung die Kosten des gewünschten Filial-Bethauses zu decken gedenken, vernommen werden, sich hierüber die genügende Nachweisung geben, und insofern die bereits vorliegenden dießfälligen Erklärungen noch fortan Geltung haben sollen, sich die gehörigen Bestätigungen beibringen zu lassen."

Nachdem man noch in sichere Erfahrung gebracht hatte, daß von der baldigen Vorlage der geforderten Nachweisungen die Genehmigung des Gesuches abhänge, und sonst kein Anstand obwalte, ging man daran den Fond allsogleich zu vermehren.

Aus dem Jahre 1840 war vorhanden 2763 fl. 39 kr.
Neue Beiträge leisteten unter Andern:

J. C. Vogel	100 „	— „
A. Mittermayer	100 „	— „
Johann Kirchmayer	100 „	— „
Baron von Rosenberg von 200 fl. 5%	10 „	— „
Josef Mittermayer	40 „	— „
Josef Kirchmayer	150 „	— „
W. Baumann	20 „	— „
durch den Pfarrer von Scharten eine Gabe aus Ungarn . . .	115 „	— „

Zusammen 3398 fl. 39 kr.

Das war nun schon ein Anfang, mit dem man sich getrost ausweisen konnte, aber die Summe stieg bald noch höher. Denn als die Bevollmächtigten unterm 20. April 1841 dem Magistrat die geforderten Fonds-Ausweise vorlegten, konnten sie bereits hervorheben, daß die Zahl der Glaubensgenossen, mithin auch die Geldmittel sich vermehrt hätten. Die früheren Versprechungen bezüglich der Beiträge und unverzinslichen Darlehen beständen noch in voller Kraft, dazu seien neue rechtsgültige Verheißungen gemacht worden und die Bevollmächtigten seien bereit, im Falle es gewünscht würde, eine disponible Summe bei dem Magistrate allsogleich zu hinterlegen.

Endlich — endlich erschien der Tag, an welchem es in Linz Einer dem Andern mit verschiedenen Empfindungen sagte: **Die Protestanten haben die Bewilligung zum Bethausbau erhalten!** Ende September erhielt Vogel die Anzeige, daß die Regierung mit Dekret vom 16. September 1841 den zum Pastorate Thenning gehörigen evangelischen Glaubensgenossen in Linz und Umgebung die Errichtung eines Filial-Bethauses bewilligt habe; der Gottesdienst müsse von Thenning aus besorgt werden, wofür die neue Filial-Gemeinde außer der besonderen dem Pastor zu leistenden Vergütung für den excurrenten Gottesdienst zur Erhaltung der Muttergemeinde Thenning ebenso wie früher beizutragen verpflichtet bleibt. Die Bittsteller haben den Bau-Consens zu erwirken und sich in allen Stücken nach dem Toleranzgesetze zu halten.

Wer könnte nun die hohe Freude schildern, die bei den Linzer Protestanten eingekehrt war! Was hatten nun alle die offenen und geheimen Versuche der Gegner genützt, einer gerechten Sache hindernd in den Weg zu treten? Mußte jetzt nicht das Triumphgeschrei verstummen, das neunzehn Jahre lang an allen Ecken und Enden erschollen war? Und was frug man jetzt mehr darnach, daß von Anfang an bis auf diesen Augenblick viel Kummer und Sorge, viel Noth und Betrübniß die Herzen erfüllt hatte? Jetzt war Alles vergessen, jetzt war die Reihe, Triumphlieder anzustimmen, an die Linzer Evangelischen gekommen — und sie singen dieselben heute noch in dem nun vollendeten Gotteshause zur Ehre Gottes und zur Verherrlichung seines lieben Sohnes, denn es ist des Herrn wunderbares Werk, das nun vor uns steht. Es ist des Herrn Werk! — daran kann Niemand zweifeln.

VIII.

Des Baues fröhlicher Anfang und betrübender Stillestand.

Allerdings wollte sich ein trüber Schein in die Freude mischen, denn das Linzer bischöfliche Consistorium meldete gegen den Regierungs-Beschluß, womit die Errichtung eines Filial-Bethauses zu Linz bewilligt wurde, den Hofrekurs an, und zwar schon am 1. Oktober. Allein das focht die Linzer nicht an, sie waren beß in froher Zuversicht, daß diesem Rekurs weiter keine Folge gegeben und ihre Sache nicht zertrümmert werde. Zum Zeichen dessen ward am selben 1. Oktober von den Vorstehern ein Aufruf erlassen, in welchem sämmtliche Mitglieder aufgefordert wurden, ihre Beiträge gerne und freudig zu leisten, denn jetzt handle es sich um die Inangriffnahme des Bethaus-Baues.

Vor Allem mußte ein geeignetes Grundstück angekauft werden, auf welches die Kirche zu stehen kommen, und das zugleich so groß sein sollte, daß für einen künftigen Schul- und Pfarrhausbau noch Raum genug vorhanden sei. Und eben in dieser Hinsicht erschien jenes Grundstück, das man sich bereits früher in der Lustenauergasse ausersehen hatte, viel zu klein. Um die nöthigen Verhandlungen rechtsgültig führen zu können, ergänzte sich der Vorstand durch die Wahl der zwei neuen Mitglieder A. Mittermayer und J. Kirchmayer. Wegen des Baues selbst setzte man sich mit einem Bauverständigen ins Einvernehmen, dieß war der Baumeister Johann Rueff, welcher der Gemeinde zugleich die nöthige Grundfläche zum Kaufe anbot. In kurzer Zeit war man einig geworden, und am 30. Okt. 1841 wurde der Kaufvertrag unterzeichnet. Durch denselben kam die Gemeinde in den Besitz eines Baugrundes von 1528 ¹⁸/₂₄ ☐ Klaftern, um den Preis von 5796 fl. C. M.; 1000 fl. wurden alsogleich bar erlegt, 500 fl. wurden als Hypothekarschuld übernommen und der Rest von 4296 fl. wurde mit 4% verzinst; von diesem Reste sollten 2000 fl. nach dem vollendeten Bau des Bethauses, die übrigen 2296 fl. sodann unter halbjähriger Aufkündigung bezahlt werden; jedoch sollte es den Käufern frei stehen, auch früher schon gegen vierteljährige Aufkündigung Theilbeträge des Kaufschillings, mindestens zu 1000 fl., zu entrichten.

Einen kleineren Theil des ganzen Grundstückes, bestehend in 458 ⁴/₆ ☐Klaftern, hatte J. Kirchmayer erstanden, jedoch mit der vertragsmäßig eingegangenen Zusicherung, diesen Grund, sofern ihn die Gemeinde in Zukunft benöthigen sollte, um den Erstehungspreis ihr zu überlassen.

An demselben Tage (30. Oktober) richteten die Vorsteher eine Eingabe an die Landesregierung, in welcher sie nach Darlegung aller Verhältnisse baten, daß der Kaufvertrag bestätigt und die Filial=Gemeinde in Linz als ein unter seinen Vorstehern und Ausschüssen gebildeter Verein anzusehen, und als solcher zur Eigenthumserwerbung nach den bestehenden Gesetzen befähigt sei. Am 8. November entschied die Landesregierung, daß der Bau des Bethauses noch nicht beginnen und die Filial=Gemeinde in Linz noch nicht als constituirt angesehen werden könne, weil der Hofrekurs des bischöflichen Consistoriums gegen die Regierungs=Entscheidung vom 16. September 1841 noch nicht erledigt sei; es haben darum auch die Bittsteller die Entscheidung der Hofkanzlei abzuwarten. Wird der Bestand der Filial=Gemeinde von der Hofstelle anerkannt, dann bedürfe es keiner weiteren Bestätigung des Kaufvertrages.

Diese Entscheidung der Hofkanzlei kam am 9. Februar 1842, der Rekurs des bischöflichen Consistoriums war als unstatthaft abgewiesen und der Erlaß vom 16. September 1841 seinem vollen Inhalte nach neuerdings bestätiget worden, „da es bei dem nachgewiesenen Stande der Dinge Pflicht der Behörden ist, darüber zu wachen, daß für den Gottesdienst und den Religionsunterricht einer so bedeutenden Anzahl von Akatholiken, zu deren Aufnahme das Thenninger Bethaus nicht einmal zureicht, entsprechend vorgesehen werde."

Ohne Säumniß ging man nun daran, die Baubewilligung zu erlangen. In der Eingabe vom 24. Februar 1842 an den Magistrat wurden die vollständigen Baupläne vorgelegt, aus denen ersichtlich wurde, daß der Bau ganz toleranzmäßig geführt werden solle, und zugleich um die Abhaltung der Bau-Commission in technischer, politischer und polizeilicher Hinsicht, und endlich um die Baubewilligung gebeten, da am Geburtsfeste des Kaisers (19. April) der Grundstein feierlich gelegt werden sollte.

Schon am 26. Februar wurde die Bau-Commission abgehalten, zu welcher die Anrainer eingeladen wurden. Auch der bischöfliche Sekretär erschien, um im Namen des Consistoriums von wegen der Anrainung des Karmelitenklosters Beschwerde zu führen; er wurde abgewiesen, zugleich stellte es sich auch heraus, daß zwischen dem Gemeindegrunde und dem Karmelitenkloster eben jenes Grundstück mitten inne liege, das in einem Flächenraume von 458 $\frac{4}{6}$ ☐ Klaftern J. Kirchmayer unter gewissen Bedingungen von dem früheren Besitzer käuflich erstanden hatte. Von den eigentlichen Anrainern erhob keiner eine Beschwerde.

Auch in technischer Beziehung wurde gegen den Bau nichts eingewendet. Das Bethaus sollte nach den Plänen in einer Breite von 9 Klaftern und in einer Länge von 17½ Klaftern hergestellt werden; der Eingang befand sich auf der Südwestseite durch drei Thüren; an beiden Seiten des Eingangs führen Stiegen zu den Emporen, welche an jeder Seite des Schiffes von zwei Pfeilern getragen werden. Zu beiden Seiten des Altars führen Wendeltreppen zu den Oratorien im Chore; der Gesammtraum des Innern beträgt 108 ☐ Klafter, 5 Schuh, 6 Zoll, auf welchem Raume (nach dem Berechnungsmaßstabe des Regierungs-Dekretes vom 12. Jänner 1841, 9 Personen auf eine ☐Klafter) ungefähr 1000 Personen Platz finden können. Der Fußboden kommt 4 Schuh 2 Zoll über dem Horizont des Gartengrundes zu liegen; die projektirte Höhe bis zum Gewölbschlusse beträgt 6 Klaftern und die Gesammthöhe bis zum Dachfirst 8 Klaftern. Das Gebäude wird von Ziegeln hergestellt, mit Eisenblech gedeckt und bekommt weder Thurm noch Geläute. Später wurde in der Breite 2 bis 3 Schuh zuzugeben beschlossen, damit die vorschriftmäßigen 4 Schuh breiten Aufgangsstiegen von Stein hergestellt werden konnten. — Am 8. März kam die Baubewilligung.

Mit frohem Muthe und unter lauten Dankgebeten ging man rüstig ans Werk; am 22. März wurde mit dem Baumeister Rueff der Bauvertrag abgeschlossen, in welchem derselbe die Herstellung der Bauarbeit um die Summe von 6486 fl. übernahm. Bald erscholl die „Landstraße" von dem Getriebe der schweren Fuhrwerke, welche die Materialien zum Bethausbau herbeiführten, und worunter die Thenninger Allen voran waren; bald lag der weite Raum voll Steine und Ziegeln und hunderte von Händen waren geschäftig, mit dem Graben und der Ausmauerung des Grundes rasch vorwärts zu kommen, war ja der 19. April so nahe, an welchem die feierliche Grundsteinlegung stattfinden sollte!

Da kam ein Gerücht, daß der begonnene Bau wieder eingestellt werden solle, eine mächtige, feindselige Partei schien Alles daran setzen zu wollen, um den evangelischen Gottesdienst in Linz zu verhindern. Niemand sah ihr Wirken, im Dunkeln schlich sie und nur die Erfolge gaben Kunde von ihrem Vorhandensein, und ihren Einfluß übte sie bis in die allerhöchsten Kreise aus. Und wirklich empfing Vogel am 5. April 1842 vom Magistrat eine Erinnerung, „daß Se. k. k. Majestät sich die a. h. Schlußfassung über die angesuchte Errichtung eines Filial-Bethauses zu Linz vorzubehalten geruht haben." Und am 8. April schrieb Superintendent Steller, daß bei ihm von Seiten des

Hausruckkreisamtes und des Distriktamtes Frehling Anfragen gemacht und Berichte gefordert wurden, welche auf die Linzer Bauangelegenheiten Bezug haben, und es scheine, daß neue Hindernisse eintreten sollen, welche am Ende die für den 19. April bestimmte Grundsteinlegung vereiteln könnten. Vogel solle sich am gehörigen Orte erkundigen und rechtzeitige Meldung thun. Auch solle er mittheilen, an welche Regierungen, oder Städte, oder geistliche Stellen im Auslande Bittgesuche um Unterstützung zum Bethausbau bereits abgesendet worden seien, denn auch darin war der Vorstand nicht säumig gewesen, und besonders Vogel hatte jetzt und später nach allen Seiten hin Bittschreiben abgesandt.

Wenn schon durch dieses Schreiben des Superintendenten jenes Gerücht mehr Halt erlangte, so wurde es zur vollkommensten und traurigsten Gewißheit durch die Zuschrift des Mühlkreisamtes vom 16. April 1842, in welcher den Linzern mitgetheilt wurde, daß, weil der Kaiser sich die Schlußfassung bezüglich des Bethausbaues vorbehalten habe, laut Hofkanzlei-Dekret vom 31. März, der Bau einstweilen einzustellen sei. Das gab nun freilich einen traurigen 19. April, und man konnte es sich nicht zusammenreimen, wie es zugehe, daß die kaiserliche Entschließung vom 11. Februar 1841, nach welcher für alle Zukunft die Bewilligung zur Errichtung von Filial-Bethäusern allein von der Landesstelle abhängig ist, nunmehr null und nichtig, das Hofkanzlei-Dekret vom 15. Februar 1841 ohne vorhergegangene Kundmachung aufgehoben, und der Erlaß der kaiserlichen Landesregierung vom 16. September 1841 ein werthloses Blatt Papier sein sollte! Wer hatte das Gesetz so treulos zu nichte gemacht? wer das Ansehen der höchsten Stellen untergraben? wer war der verborgene Feind und Gegner einer gerechten Sache, die als solche durch die höchsten kaiserlichen Behörden anerkannt war? wer war jener Feind, daß er im Dunkeln schlich und nicht wie sonst der ehrliche Mann frei und offen den Gegner bekämpfte? Die Entrüstung war bei Hoch und Niedrig aufs Höchste gestiegen, und so kam auch die Wahrheit an den Tag, und die Linzer

Protestanten klagten ohne Bedenken den Störefried in dem Majestätsgesuche vom 28. Mai 1843 vor dem Throne des Monarchen an. Jene Worte lauten: „Ueber eine Eingabe des katholischen Consistoriums, worin, wie man uns es nicht vorenthält, unsere Existenz in obiger Zahl (808 Personen), das Vorhandensein der Fonds, ungeachtet der gegentheiligen Ueberzeugung in Abrede und Euerer k. k. Majestät die Unwahrheit unterbreitet wurde, wurde der Bau bis zur a. h. Entscheidung sistirt. Mehr als ein Jahr floß hin, bis die Erhebungen über alle Punkte, die seit 15 Jahren schon erhoben sind, noch einmal mit strengster Genauigkeit gepflogen wurden. Sie liegen nun vor, die Wahrheit konnte nicht unterdrückt werden, die Unwahrheit und Erdichtung der eingestreuten Beschwerden liegt offen am Tage." — Wir glauben, die Anklage ist schwer genug und wir brauchen weiter kein Wort zu verlieren; selbst das können wir nicht sagen, daß das katholische Consistorium von dem Vorwurfe der „Unwahrheit und Erdichtung" sich zu reinigen den Versuch gemacht hätte. Der Erfolg dieses Vorganges ist in der evangelischen Kirche zu Linz ersichtlich.

Kaum hatten sich die Linzer von ihrem Schrecken erholt, so richteten sie auch allsogleich (am 21. April) ein Gesuch an die Landesregierung, in welchem sie unter Hinweisung auf das Gesetz und den großen zu erleidenden Schaden um die Bewilligung zur Fortsetzung des Baues baten. Schon den folgenden Tag erfloß die Entscheidung: „Zur Verminderung eines empfindlichen Nachtheiles an dem bereits hergestellten Grundbauwerke wird bewilligt: die dermal nur bis zur Höhe des Erdhorizontes reichende Strecke der Umfangsmauer zu ergänzen und beziehungsweise in gleicher Höhe mit der anstoßenden Umfangsmauer von Steinmauerwerk herzustellen; die gleichfalls nur bis zur Höhe des Erdhorizontes reichenden Pfeiler und die Stiegenspindeln in der gleichen Höhe mit dem übrigen Steinmauerwerk herzustellen; den inneren Raum der Umfangsmauer, wo es noch nicht geschehen, mit Erde auszufüllen und die Umfangsmauer von

Außen mit gleichem Material anzudämmen, damit die Setzung des Steinmauerwerkes gleichmäßig erfolgen könne und das bereits hergestellte Mauerwerk gegen das Eindringen des Wassers gesichert werde."

So hieß es denn abermals, in Geduld sich in das Unvermeidliche fügen. Es war eine neue Prüfung — aber sie kam vom Herrn und er hat sie herrlich zum Ende geführt, und Alles gut gemacht, wenn auch die Feinde es böse zu machen gedachten. Und wahrlich, die Evangelischen in Linz ließen es an sich nicht fehlen; sie traten mit einer Kraft und Begeisterung, mit einer Opferfreudigkeit auf, die ihres Gleichen wohl selten finden dürfte und der heiligen Sache werth und würdig war. Die einzelnsten Umstände wurden durch die Behörden neuerdings untersucht, alle früheren Zusagen wurden nochmals zu Protokoll genommen — man konnte es leicht erkennen, daß der Eifer durch die gegnerischen Verdächtigungen nur gehoben worden sei. Am 5. September 1842 übergaben die Vorsteher als Nachtrag zu einem mündlichen Protokolle eine schriftliche Auseinandersetzung über den ganzen Stand der Bausache. Es waren nämlich mehrere Fragen zu beantworten; die erste lautete: **Warum wurde gebaut?** Da war nun freilich die Antwort sehr leicht zu geben und die Vorsteher konnten es sich nicht versagen die Bemerkung zu machen, daß, wenn der Bau nicht sistirt worden wäre, das Mauerwerk sicher schon unter Dach stände. Auf die zweite Frage: **ob in eigener Regie des Vereins oder in Accord gebaut wird?** antwortete man: das Technische der Bauführung sei in Accord gegeben, die Lieferung des Materials und die Leistung gewöhnlicher Arbeiten werde von der Gemeinde besorgt. Mit dem Baumeister J. Rueff sei ein Bauvertrag abgeschlossen worden; die Kosten-Ueberschläge weisen die Gesammtsumme von 18.890 fl. 47 $\frac{1}{3}$ kr. CM. aus, wovon für Mauermaterial 7301 fl. 38 kr., für Zimmermanns-Material 923 fl. 48 kr. entfallen — doch werde der größte Theil dieses Materials durch freiwillige Geschenke herbeigeschafft. Das Fuhrwerk sei bis jetzt mit 1600 Fuhren durch Mitglieder der Gemeinde Thenning geleistet worden, die noch überdieß eine Erklärung vom 15. August abgegeben hätten, daß sie die Fuhren auch für die Zukunft leisten wollten. Auf dem Bauplatze sei noch folgendes Material:

ungelöschter Kalk . . .	200 Metzen,
Mauerziegeln	73300 Stück,
Bruchsteine	45 K. Klafter,
Mauersand	100 Fuhren,
Sockelplatten	280 Stück,
Bauholz	28 Stämme,

Bretter und sonstiges Holzwerk in bedeutender Menge; und diese Vorräthe alle seien durch die Bau-Einstellung dem Verderben preisgegeben. Für die Bestreitung der Baukosten sei theils durch die eingegangenen Beiträge, theils durch die solidarische Haftung einzelner Mitglieder, theils durch die Ergebnisse der zu erwirkenden Sammlungen gesorgt. Das Stammkapital, über welches die Gemeinde verfügen könne, belaufe sich auf 16000 fl. CM.

Die Umstände erforderten es, daß wie schon oben gesagt, einzelne Mitglieder eine bedeutende Summe zeichneten, welche sie der Baukasse vorzustrecken bereit seien, sobald dieß nothwendig werden sollte. Allerdings war zu erwarten, daß diese Nothwendigkeit nicht eintreten, und somit das Bethaus nicht von einigen wenigen Gliedern nur erbaut würde, denn wie jede Gemeinde hatte ja auch die Linzer die Hoffnung auf reiche Unterstützung in der Heimath und Fremde, ja sie hatte bereits die Liebes-Erweisungen der Glaubensbrüder in reichem Maße erfahren. Dessen ungeachtet mußten die Unterzeichner der solidarischen Haftung darauf gefaßt sein, bei ihrem gegebenen Worte genommen zu werden und sie hätten es gehalten. Die Namen jener Männer seien hier zum dauernden Gedächtniß verzeichnet:

Johann Conrad Vogel zeichnete . .	2000 fl.
Josef Kirchmayer	3000 "
Adam Mittermayer	3000 "
Daniel Mylius	3000 "
Jof. Obermüller	300 "
Joh. Kirchmayer	2000 "
Fried. Eurich	500 "
Jof. Mittermayer	300 "
Heinr. Lindner	2000 "
Wilh. Scharte	1000 "
Wilh. Baumann	500 "
J. Bochshofer	500 "
Mich. Beissel	500 "
Fränzel	500 "
Kaiser	2000 "
Pet. Beissel	1000 "

Summa 22100 fl.

IX.

Beendigung des Bethaus-Baues.

Solche Nachweisungen hätten allerdings für die Sicherstellung des Baues genügend sein können, aber die Behörde legte dennoch stets neue Fragen vor. So verlangte am 25. Februar 1843 der Magistrat Nachweisungen über das Bedürfniß, über den Zweck der für die Zahl der zuzuweisenden Protestanten viel zu räumlichen Anlage des Filial-Bethauses und wo? — wie? — mit welchem Erfolge zur Bedeckung der Baukosten gesammelt worden ist, oder noch gesammelt wird oder erst gesammelt werden will?

Die ausführliche Beantwortung dieser Fragen reichten die Vorsteher am 22. März 1843 ein. Das Bedürfniß eines

Bethauses in Linz folge aus dem unzureichenden Raume und der weiten Entfernung des evangelischen Gotteshauses zu Thenning für die Protestanten zu Linz und dessen Umgebung, die in der Stadt 404, im Landbezirke 195, im Trauner Bezirk 25, und weiter bis Greinburg hinab 184, zusammen 808 Seelen betragen — die Reformirten mit eingerechnet. Der Raum des Bethauses zu Linz sei laut genehmigten Plan für 1000 Personen berechnet, und nicht vergrößert worden. Der Zweck des Gotteshauses sei, den Evangelischen einen regelmäßigen Gottesdienst zu ermöglichen. Die ersten Auslagen seien alle gedeckt worden, ohne daß es einer Sammlung bedurft hätte; erst als der Bau begonnen war, wurde die Gemeinde um freiwillige Beiträge angegangen, im In- und Auslande sei bisher noch nicht gesammelt worden. Im Auslande habe man sich an Freunde und Verwandte brieflich gewendet und sie um eine allenfallsige Unterstützung ersucht; eine Bitte sei an den König von Preußen, eine andere an den König von Bayern abgegangen, damit die Majestäten in ihren Ländern eine Sammlung für Linz bewilligen möchten. Zwar würden die Beiträge, zu welchen sich einige Gemeindeglieder durch Revers verpflichteten, zur Deckung der Kosten ausreichen, allein es sei wünschenswerth, daß Zuschüsse von Außen diesen Gliedern ihre Opfer erleichtern, darum denke man an künftige Sammlungen, welche ohnehin durch die Gesetze erlaubt seien.

Auch der Superintendent Steller mußte am 19. März 1843 das früher abgegebene Zeugniß bestätigen, daß wegen der im Laufe der Zeit angewachsenen evangelischen Bevölkerung in und um Linz — über 800 Seelen — das Bedürfniß eines Bethauses daselbst noch vorhanden und eine Veränderung in den Räumlichkeiten des Thenninger Bethauses nicht eingetreten sei. — Hier verdient bemerkt zu werden, daß in jener Zeit die Frage wegen eines Neubaues des Thenninger Bethauses angeregt worden war; man entschied sich gegen den Bau, denn, hieß es, die Linzer fallen weg, und für diese thue jetzt Hilfe vor Allen noth, die eigene Sache kann warten! —

So war abermals der Frühling herbeigekommen, zwei Jahre lang ruhte bereits der Bau, die vorhandenen Materialien hatten bereits Schaden gelitten und es stand zu fürchten, daß der Verlust noch größer werde. Es war die zum Bau geeignete Jahreszeit vor der Thür und der Jammer über das kaum begonnene und in seiner Unvollendung da liegende Werk in den Herzen — darum mußte jetzt wieder ein entscheidender Schritt gethan werden.

Am 28. Mai 1843 wurde ein Majestäts-Gesuch verfaßt; wir haben jenen Theil des Inhaltes desselben schon oben kennen gelernt, in welchem die unwahren Aussagen der Gegner ins rechte Licht gestellt werden. Die im weiteren Verlaufe der Schrift gestellte Bitte ging dahin, Seine Majestät wolle doch die Gestattung des Ausbaues des Linzer Filial-Bethauses gnädigst aussprechen. — Mit diesem Gesuche begaben sich der Superintendent J. Steller, damals ein Greis von 74 Jahren, Vogel und Kosseck nach Wien, um es persönlich dem Kaiser zu übergeben. Sie erhielten eine halbstündige Audienz bei Sr. kaiserl. Hoheit dem Erzherzog Ludwig, der versprach, er wolle die Schrift durchsehen.

Mit einiger Bangigkeit sahen die Linzer dem Erfolge dieses Gesuches entgegen; 15 Jahre waren bereits verflossen, seit die ersten Schritte zur Errichtung eines Bethauses gethan worden waren, und als die Erlaubniß zum Bau schon ausgesprochen war, entschlüpfte sie wieder ihren Händen, und auf dem so freudig begonnenen Werke wuchs Gras. Das war im vollen Sinne des Wortes der Fall. Im Laufe des Sommers kam eines Tages die Kammerfrau der Erzherzogin Palatinin, Gräfin Brunswick nach Linz und begab sich auch auf den Bauplatz des evangelischen Bethauses; da schlug sie die Hände über den Kopf zusammen, denn der ganze Raum, den die Kirche einnehmen sollte, war mit schuhhohem Getreide überwachsen. Unter dem Schutte, der aufgeführt werden mußte, waren Abfälle von Getreide gewesen und die Körnlein aufgegangen.

Die Linzer sollten nun abermals in ihrer Trübsal einen Freudentag erleben. Am 18. August 1843 erhielt Vogel durch den Magistrat die erfreuliche Nachricht, „daß laut Hofkanzlei-Dekret vom 9. August Se. k. k. Majestät in Betreff der Errichtung eines akatholischen Bethauses in Linz befunden habe, es bei dem Erkenntniß der vereinigten Hofkanzlei zu belassen." — Nun war aber auch die Freude doppelt groß, denn jetzt durfte man doch nicht mehr fürchten, daß der Bau nochmals eingestellt werden könne. Der Kaiser selbst hatte gesprochen und sein Wort galt! Mit frischer Kraft ging man alsogleich wieder an den Bau und durch das freudigste Eingreifen von allen Seiten, durch die thätige Beihilfe und Handreichung der Nachbargemeinden, besonders Thenning, durch reiche Gaben der Liebe aus der Ferne und Nähe, und von der herrlichsten Witterung begünstigt, war das Kirchengebäude noch vor dem Winter 1843 unter Dach gebracht, und somit die Hoffnung vorhanden, daß im folgenden Jahre die Einweihung werde stattfinden können.

Während jener Zeit, als der Bau stille stehen mußte, besonders im Sommer 1843, hatte die Gemeinde Linz ihre Hilferufe auch nach Deutschland gesandt; eine Bitte um Bewilligung einer Sammlung im ganzen Lande war auch an Se. Majestät den König von Preußen gerichtet worden. Als der Kirchenbau gesichert war, theilte Vogel dieses fröhliche Ereigniß dem damaligen preußischen Kultusminister von Eichhorn mit (am 13. September). In Folge dessen nahm die angesuchte und gewährte Sammlung ihren Fortgang und am 4. November 1843 erhielt Vogel vom Minister Eichhorn die Nachricht: daß wegen Auszahlung des Ertrages der Sammlung die nöthigen Weisungen bereits gegeben seien. Wir führen später den Betrag dieser Sammlung, wie auch anderer Liebesgaben, welche Linz empfing, in einer Uebersicht auf. Hier muß noch bemerkt werden, daß das Einschreiten der Gemeinde, eine Sammlung im In- und Auslande veranstalten zu dürfen, von der Hofkanzlei abgewiesen wurde, jedoch war bemerkt, es könne keinem Anstande unterliegen, daß die Bittsteller freiwillig zugesendete Beiträge annehmen dürfen.

Bereits ums Jahr 1843 war die so segensreich wirkende Stiftung des Gustav-Adolf-Vereines in eine kräftigere Entwickelung getreten; einzelne Unterstützungen, ja sogar die allererste waren nach Oesterreich gekommen. Und nun wagten es auch die Linzer, diesen Verein um eine Unterstützung anzuflehen. Sie thaten keine Fehlbitte; die Bittschreiben und Hilferufe der Vorsteher waren von dem schönsten Erfolge begleitet, und die Linzer Gemeinde hat das, was sie erreichte, nächst Gott wohl zumeist diesem edlen Vereine zu verdanken. Allerdings konnte dieser die hohen Baukosten nicht allein bestreiten, waren der Gemeinden ja so viele, welche die bittende Hand dem Gustav-Adolf-Vereine entgegen hielten; aber die neue Filial-Gemeinde bedurfte einer reichen Unterstützung nicht bloß darum, weil, wie es bei jedem Bau vorkömmt, die Auslagen größer wurden, als sie vorher berechnet waren, sondern auch deßhalb, weil durch den unfreiwilligen Stillestand bedeutende Verluste eingetreten waren. Es lag darum nahe, daß die Bevollmächtigten, trotzdem schon einmal ein gleiches Gesuch abgewiesen worden war und auch das evangelische Consistorium von einem neuen Einschreiten abgerathen hatte, nochmals um die Bewilligung einer Sammlung im In- und Auslande baten. Die Hofkanzlei ordnete in Folge dieses Gesuches eine Kommission zur genauen Erhebung aller von den Bittstellern geltend gemachten Umstände an. Diese Kommission wurde vom Mühlkreisamte am 18. April 1844 abgehalten und auf Grund des Berichtes der evangelischen Filial-Gemeinde Linz laut Dekret vom 17. September 1844 gestattet: „für den Bau eines Filial-Bethauses eine Sammlung freiwilliger Beiträge im In- und Auslande durch Verwendung und Bitten an ihre Freunde und Bekannte ohne Intervenirung der Behörden einleiten zu dürfen."

Durch diese Bewilligung war Hoffnung auf eine namhafte Unterstützung von Nahe und Ferne vorhanden, und die Linzer hatten auf diese Weise immer mehr Ursache dem Herrn für seine wunderbare Durchhilfe zu danken. Dazu kam noch die günstige Erledigung eines Unterstützungs-Gesuches der Linzer-Vorsteher an den Herzog von Sachsen-Coburg-Gotha, welcher bei Greinburg Besitzungen hatte. Die Oberdirektion dieser Güter theilte am 14. Mai 1844 den Vorstehern mit, daß Se. Hoheit der Gemeinde Linz Behufs der Erbauung eines Bethauses unter Vorbehalt des Widerrufes eine jährliche Unterstützung von 200 fl. C. M. unter der Bedingung bewilligt habe: „daß der bei dieser Gemeinde angestellte Pastor oder Vikar verpflichtet werde, den evangelischen Dienern (des Herzogs) zu Greinburg, jährlich ein- oder zwei Mal daselbst das heilige Abendmahl zu reichen, ohne dafür Honorar und Reisekosten von demselben in Anspruch zu nehmen." Gabe und Bedingung wurden dankbar und freudig angenommen.

Im Laufe des Sommers 1844 wurde nun an dem Bethause rüstig weiter gearbeitet, die Unterstützungen aus der Ferne und die Beiträge der Gemeinde liefen reichlich ein, das Bethaus selbst gestaltete sich immer freundlicher und der Zeitpunkt rückte immer näher heran, in welchem das fertige Gotteshaus eingeweiht und seiner heiligen Bestimmung übergeben werden konnte. Als Weihetag ward der 20. Oktober 1844 festgesetzt.

X.

Die Einweihung.

Ihr Kinder Gottes, wißt ihr's denn auch, was ihr an eurem Gotteshause für ein kostbares Gut habt? Es ist uns aus uralter Zeit eine Geschichte aufbewahrt. Als Israel den zweiten Tempel baute, arbeiteten die Bauleute mit Wehr und Waffe in der einen, mit dem Handwerkszeug in der andern Hand. Und als der Tempel fertig geworden war unter unsäglichen Mühen und

Beschwerden, waren sie von Herzen froh. Aehnlich war es bei der Linzer Gemeinde! In alter Zeit stand auch der Tempel des Herrn da und alles Volk erfreute sich an den schönen Gottesdiensten; dann kam die lange und bange Zeit, da die Harfen an den Weiden hingen und große Traurigkeit eingekehrt war in den Herzen. Aber der Herr richtete sein verstörtes Kirchlein wieder auf und seit 1822 standen die Bauleute im Kampf und Streit, — durch 22 Jahre hindurch rangen sie darnach, in der eigenen Kirche wiederum das so lang verschollene, treue Wort des Herrn und Heilandes zu hören! Und sie errangen es! Ihr Kinder Gottes, wißt ihr, was das sagen will? Fragt die Linzer!

Der 20. Oktober 1844, das war ein schöner Tag! Wer ihn erlebte und dem Feste beiwohnen konnte, wird allezeit daran gedenken, was da für Freudenthränen flossen, als die ersten Töne des Liedes: „Wir glauben All an einen Gott" zum ersten Male in dem neuen Gotteshause erklangen. Die Evangelischen in Linz hatten nun eine eigene Kirche; der Herr hatte alle Klage von ihnen gewendet und sie mit Freuden umgürtet, sie mußten nun auch seinem Namen lobsingen. Und ob die Klage auch lange gewährt hatte und groß und schwer gewesen war, und bis in die Tiefe der Seele drang, die Freude war doch noch viel größer, viel ergreifender, viel nachhaltiger, denn das Gotteshaus sollte ja mit seinen Segnungen auf Kinder und Kindeskinder forterben.

Am Morgen des 20. Oktober 1844 war eine zahlreiche Menschenmenge herbeigeströmt; aus weiter Ferne, bis aus Steiermark her, waren sie zu der seltenen Feier gekommen, an welcher zwölf Geistliche theilnahmen. Zur neunten Morgenstunde war Alles am Kirchplatze versammelt. Die Thüren wurden aufgethan und die Festgenossen strömten in die freundlichen Räume. Unter dem Gesange: „O heiliger Geist zeuch in uns ein" traten die Geistlichen aus der Sakristei heraus und begaben sich mit Kreuz, Bibel und den heiligen Gefäßen zum Altar. Superintendent Steller und Pfarrer Kotschi von Efferding hielten im

Wechsel die Festliturgie, nach welcher das Evangelium am Tage der Kirchweihe (Luc. 19, 1—10.) verlesen wurde. Consistorial=Rath A. Gunesch von Wien hielt die Weihrede, auf welche vom Superintendenten Steller der Weiheakt selbst vollzogen wurde. Nach der Weihe wurde der Choral gesungen: „Jehovah, Jehovah, Jehovah, deinen Namen sei Ehre, Macht und Ruhm 2c.," auf welchen das Weihegebet folgte. Nach dem Hauptliede: „Dank und Anbetung bringen wir" hielt Pfarrer B. Wehrenfennig von Gosau die Festpredigt über den 84. Psalm. Nach derselben abermals Gesang, worauf Pfarrer Koch von Wallern die Abendmahlsrede hielt, und Pfarrer Sääf von Scharten die Consekration vollzog; noch fand die Erneuerung des ehelichen Bundes bei einem Jubelpaare durch den Superintendenten statt, der zum Schlusse den Segen ertheilte. Mit dem schönen Liede: „Nun danket Alle Gott" schloß die erhebende kirchliche Feier.

Und wie so schön an solchen Gottestagen die Kinder des Glaubens sich zusammenfinden, wenn auch Berg und Thal zwischen ihnen liegt! Aus Regensburg kam zum Weihefeste eine Altardecke als Geschenk; ihr lag folgendes Schreiben bei:

An meine evangelischen Brüder in Linz.

Ich grüße Euch als meines Heilands Glieder
Und sende Eurer Kirche dieses Tuch,
Legt es auf Eurem neuen Altar nieder,
Und d'rauf der Offenbarung heilig Buch.
Nicht Geld, noch Gut, vermag ich Euch zu spenden,
Zur Tempelzier und — seiner würd'gen — Pracht;
Ein Liebesopfer nur von fleiß'gen Händen
Ist Euch mit treuem Herzen zugedacht.
Es sind auch nicht der Erde Gold und Schätze
Der Tempelschmuck, der Gott dem Herrn gefällt;
Ein frommes Herz, gehorsam dem Gesetze,
Gilt mehr vor ihm, als aller Glanz der Welt.
Das reine Gold des Glaubens sollt Ihr bringen,
In heil'ger Liebe Frucht vor seinen Thron,
In fester Hoffnung dem zu folgen ringen,
Der Weg und Wahrheit ist und Schild und Lohn.

Der Diamant der Andacht möge brennen
In Eurer Brust mit gottgeweihter Gluth,
Auf daß Ihr ihn mögt immer mehr erkennen,
Der für die Menschheit gab sein heilig Blut.
Und Perlen mögen Eure Augen thauen,
Wenn Reu und Buße Euer Herz bewegt,
Und wenn im Schmerz, mit kindlichem Vertrauen
Ihr Euer Los in Gottes Hände legt.
So schmücket Eures innern Tempels Halle,
Auf daß sie sei des Geistes Heiligthum,
Und lebet — o Gott stärk' euch Brüder! — Alle
Zu Eurem Heile und zu seinem Ruhm!

Nehmet auch in Liebe hin, was Liebe schenket
Wenn schon gering die kleine Gabe ist;
Und wenn vielleicht ihr betend mein gedenket,
So wisset, daß auch Eurer nie vergißt

Eure Mitchristin

Regina Maria Sondermann,

geb. Winzer,

welche diese Altardecke in das evangelische Gotteshaus zu Linz als Andenken verehrt an die gesegnete Taufe ihres erstgebornen Sohnes, Heinrich Wilhelm, derzeit Kandidat der Theologie, welche Taufe als die erste evangelische wieder seit dritthalbhundert Jahren in Linz am 3. Oktober 1819 in dem Haus zur goldenen Glocke durch den hochwürdigen Herrn Pfarrer Steller mit Weihe und Andacht, zu großer Erbauung der Eltern des Täuflings und aller sonst noch Anwesenden, verrichtet wurde. Gott allein die Ehre!"

XI.

Neue Sorgen und neue Wünsche.

So hatte denn die junge Gemeinde ihr eigenes Gotteshaus. Wie wunderbar waren doch die Wege gewesen, welche die Gläubigen gehen mußten, ehe sie den einfach schönen Gottesbau mit frommer Andacht betreten, und des Herrn Lob und Preis verkündigen konnten. Wo in einer Gemeinde ein Gotteshaus sich erhebt, aufgerichtet durch die oft schweren Opfer der Gemeindeglieder und die christlichen Liebesgaben, der durch das Band des Glaubens vereinigten Brüder in der Nähe und Ferne, da hat die zerstreute Heerde einen Mittelpunkt gefunden, um den sie sich gerne und so oft als möglich sammelt. Die Macht des Glaubens und der Liebe zum Worte Gottes hat ein Denkmal gesetzt, und die Christen fühlen sich gehoben durch den Anblick dessen, was sie durch die Gnade des Herrn vermochten. Und dem gläubigen Herzen fallen die Verheißungen Gottes ein, daß er ein Hüter sein wolle über seine Kirche auf Erden, und den Bittenden geben könne und wolle über ihr Bitten und Verstehen. Als Moses auf Gottes Befehl die Stiftshütte aufgerichtet und das Allerheiligste durch die Bundeslade geweiht hatte, bestellte er auf das Geheiß desselben Herrn den Priester, und als der Tempel zu Jerusalem gebaut war, wurde auch der Hohepriester eingeführt, damit er die Opfer verrichte, bete und segne. Und wo durch die Predigt der Apostel ein Gemeinlein sich zusammen gefunden hatte, bestellten die Sendboten Christi evangelische Prediger, und wo heutzutage in einem Dorfe oder in einer Stadt eine Kirche steht, da ist auch der Hüter des Heiligthums, der Pfarrer, zu finden. Fehlt dieser, so sieht das Kirchlein wie eine arme Waise in die Welt hinaus und die Gemeinde ist ohne Hirten, ohne Führer und Leiter auf den Gotteswegen und Menschensteigen.

Eine solche arme Waise mochte Manchem, ja Vielen auch das neue Kirchlein in Linz erscheinen. Wurde auch monatlich ein- oder zweimal der Gottesdienst von Thenning aus besorgt, ein eigener Seelsorger wäre doch ganz etwas Anderes, Besseres, Schöneres gewesen! Und — sagte man sich — haben wir unter Gottes sichtbarem Segen das Große, den kostspieligen Bau des Bethauses vollbracht, sollte der Herr uns seine Gnade versagen, wenn wir das minder Kostspielige anstreben — die Aufstellung eines eigenen Geistlichen? Sind nicht der Glaubensgenossen so viele, daß kraft des Gesetzes uns ein eigener Prediger zusteht? Und die Hauptstadt des Landes, soll sie stets eine Filiale bleiben?

Solcherlei Gedanken riefen jenes Schreiben der Linzer Vorsteher vom 21. Dezember 1844 an den Superintendenten hervor, in welcher unter Berufung auf das Toleranzpatent die Gemeinde bat, derselbe wolle dahin wirken, „daß ein Vikar für Linz unter der Leitung und Oberaufsicht des Pastors der Muttergemeinde Thenning angestellt werde, der in Linz wohne und einstweilen, bis die Gemeinde im Stande ist, einen eigenen Schullehrer anzustellen, auch den 20—30 evangelischen Kindern, an den Wochentagen den Schulunterricht gegen Bezahlung des Schulgeldes zu ertheilen hätte." Man berief sich abermals auf die weite Entfernung, welche es dem Thenninger Pfarrer oft nicht gestatte, die nöthigen Amtsfunktionen in Linz und dessen Umgebung zur rechten Stunde vorzunehmen; auch entbehren eine große Zahl der erwachsenen Kinder der sonntäglichen Christenlehre. Auch seien die unvermeidlichen Auslagen für Abhaltung eines excurrenten Gottesdienstes in Hinsicht auf die unzureichenden öffentlichen Erbauungsstunden unverhältnißmäßig groß, denn dieselben betragen die jährliche Summe von 462 fl. 36 kr. C. M. Auch sei die Gemeinde Linz in der Lage, einen eigenen Vikar anständig besolden zu können; damit aber die Muttergemeinde keinen Schaden leide, soll derselbe alle Stollarien nach Thenning abgeben, außerdem wird der Gemeinde Thenning ein jährlicher Beitrag von 40 fl. C. M. so lange zugesichert, bis Linz einen eigenen Pastor hat; dem derzeitigen Pastor und Superintendenten Steller wird eine jährliche Zulage von 40 fl. C. M. auf Lebenszeit versprochen.

Die Verwirklichung des billigen Wunsches, einen eigenen Vikar zu haben, beschäftigte nun fortwährend die Linzer Gemeinde; nicht nur daß man in den Unterstützungs=Gesuchen an den Gustav=Adolf=Verein diese Angelegenheit besonders hervorhob, und für deren Durchführung um Hilfe bat, und auch wirklich bedeutende Geldsummen für diesen Zweck einliefen, sondern die Gemeinde schritt auch bei der Landesregierung wegen Anstellung eines von Thenning abhängigen Vikars und um die Bewilligung zur Errichtung einer evangelischen Schule ein. Die Linzer waren darauf gefaßt, hierbei neuerdings mit mannigfaltigen Schwierigkeiten kämpfen zu müssen; um so freudiger war die Ueberraschung, als ihnen die Mittheilung gemacht wurde, daß mit Hofkanzlei-Dekret vom 12. März 1846 die Anstellung eines Vikars für Linz erlaubt sei, „da die Behörden die Abhaltung eines permanenten Gottesdienstes für die akatholische Bevölkerung von Linz und dessen Umgebung als sehr wünschenswerth darstellten." Doch wurde es ausdrücklich hervorgehoben, daß dieser Vikar, „wenn ihm auch das Consistorium das Domizil in Linz gestattet, stets nur als ein von dem Pastorate zu Thenning abhängiger und zu demselben gehöriger Vikar angesehen werden könne." Die Errichtung einer evangelischen Schule wurde nicht zugestanden.

Da das Verhältniß zu Thenning schon früher durch ein schriftliches Uebereinkommen geregelt worden war, so bedurfte es nach der Genehmigung eines Vikars für Linz keiner neuen Verabredung; jenes Uebereinkommen hatte diesen Fall bereits vorausgesehen. Es war am 20. März 1845 abgeschlossen worden und bestimmte: Alle der Stadt Linz näher gelegenen, früher der Thenninger Gemeinde zugetheilten Ortschaften werden dem neuen Bethause zugewiesen. Der Verlust, den Thenning dadurch erleidet, wird mit jährlichen 50 fl. 52 kr. C. M. ersetzt, ebenso wird der freiwillige Beitrag von 50 fl. jährlich auf unbestimmte Zeit für die Kirchenkasse von Thenning zugesagt, — beides soll aufhören, sobald Linz einen eigenen Pastor anzustellen die Bewilligung erhält. So lange die Filiale ohne Vikar besteht, sollen jährlich 100 fl. für einen excurrenten Gottesdienst an den Pastor Joh. Steller zu Thenning aus der Filialkassa zu Linz bezahlt werden, gegen die Verpflichtung des Pastorates, dafür zu sorgen, daß alle 14 Tage im Bethause zu Linz, wie es bisher seit dem 20. Oktober 1844 geschah, Gottesdienst gehalten werde. Bei Anstellung eines Vikars für Linz sollen an die Muttergemeinde keine Ansprüche erhoben werden, dagegen aber hört die Zahlung jener 100 fl. auf; die Filial-Gemeinde aber und der Vikar bleibt dem Pastorate Thenning hinsichtlich des Kirchen- und Schulwesens untergeordnet, die Stollgebühren und Beichtgelder hat der Vikar an den Pastor zu Thenning abzuführen. Sollte die jährliche Remuneration, welche der Pastor zu Thenning vom Militär-Aerar für die Seelsorge im Linzer Militärspital bezieht, durch die Anstellung eines eigenen Vikars in Linz aufhören, so muß solche dem gegenwärtigen Pastor J. Steller aus der Filialkasse ersetzt werden. Endlich soll dieser Vertrag die Filialgemeinde Linz nicht hindern, nach Zeit und Umständen eine vollständige Trennung und Erhebung derselben zu einem selbstständigen Pastorate zu erwirken, in welchem Falle dieser Vertrag seine Wirksamkeit verliert.

Bei diesem Stand der Dinge konnte demnach die Gemeinde Linz von keiner Seite her beirrt werden, zur freien Wahl eines Vikars zu schreiten. Diese fiel auf den Candidaten des evangelischen Predigtamtes J. Pultar, mit welchem die Gemeinde unterm 27. April 1846 einen Vertrag im Sinne des Hofkanzlei-Dekretes vom 12. März 1846 und des Uebereinkommens mit Thenning vom 20. März 1845 abschloß. Dem erwählten Vikar wurden 350 fl. Gehalt zugesichert und festgesetzt, daß, falls die Gemeinde durch Erhebung zum selbstständigen Pastorate sich veranlaßt sehen sollte, in der Wahl des Pastors eine Aenberung zu treffen, dem Vikar J. Pultar von dem Vorstande der Gemeinde, wenn er keine anderweitige Anstellung findet, in Linz verweilt und dem neu angestellten Pfarrer in seiner Amtsführung eine etwa nöthige Aushilfe leistet, fünf Jahre vom Tage des Antritts des neuen Pastors an gerechnet, ein jährlicher Gehalt von 175 fl. ausgezahlt wird.

Wenn ein Haus fertig gebaut ist, dann muß für die innere Einrichtung gesorgt werden. So ist es auch in einer Gemeinde, und so war es auch in Linz. Die Kirche war da, einen eigenen Seelsorger, allerdings noch unter dem Titel als eines von Thenning abhängigen Vikars, hatte man auch, die sonntägigen Gottesdienste nahmen ihren regelmäßigen Fortgang, für die geistliche Pflege der Kranken und Gesunden war gesorgt. Aber es blieb noch die Sorge für den nöthigen Jugend-Unterricht; war auch die Errichtung einer Schule noch nicht bewilligt, so konnte diese Bewilligung auf die Dauer doch nicht ausbleiben. Allein auch die schon vorhandenen Kinder durften nicht vernachlässigt, sie konnten wenigstens nicht ohne Privat-Unterricht gelassen werden. Dazu waren noch anderweitige kirchliche Einrichtungen zu treffen, und so gab es stets zu sorgen und zu denken. Und unter allen diesen Sorgen verlor man die Erlangung der Selbstständigkeit nie aus dem Auge.

XII.

Die Pfarrgemeinde Linz.

Wie schon gesagt, lag der Filial-Gemeinde die Einrichtung des Schulwesens jetzt vor Allem am Herzen; sie wußte es recht gut, daß die Schule die Pflanzstätte der künftigen Gemeinde sei. Schon im Jahre 1846 glaubte man in dem angestellten Cantor Süßmann denjenigen gefunden zu haben, der fähig wäre, der evangelischen Jugend von Linz einen angemessenen Schulunterricht zu ertheilen. Es war ihm jedoch gleich Anfangs bedeutet worden, daß er unter den obwaltenden Verhältnissen nur für unbestimmte Zeit in Linz wirken könne. Schon im Jahre 1848 wurde an seiner statt der Lehrer Th. G. Neubert als Cantor angestellt. Den Schulunterricht ertheilte er als Privat-Unterricht im Oratorium der Kirche. Dieser Vorgang fand von keiner Seite irgend eine Anfechtung, und so war wenigstens einigermassen für ein wesentliches Stück einer Gemeinde gesorgt. Als aber die Zahl der Kinder mit jedem Jahre wuchs, wurde der Raum im Oratorium zu klein; dieß und der heiße Wunsch, eine öffentlich anerkannte und der Landeshauptstadt würdige Schule zu besitzen, ließ die Vorsteher nicht ruhen, bis die Erlaubniß zur Errichtung einer Schule erwirkt war.

Am 25. September 1846 war bereits die Gemeinde bei dem Magistrate bittlich eingekommen, derselbe wolle sich für die Bewilligung zur Errichtung einer evangelischen Schule in Linz höheren Ortes verwenden. Es waren damals bereits 31 schulfähige Kinder, die entweder ohne Unterricht bleiben oder die katholische Schule besuchen mußten; dazu kam, daß die Gemeinde — Dank der wunderbaren Führung Gottes! — aus ihren regelmässigen Einnahmen sehr leicht neben dem Vikar einen geprüften Lehrer anständig besolden konnte. Diese Einnahmen bestanden aus den Zinsen eines nach dem Kirchenbau übrig gebliebenen Kapitals von 6300 fl., macht . 252 fl. — kr.
aus den Zinsen eines zweiten Kapitals von
   1000 fl. . . . . .   40 „ — „
aus den gezeichneten Beiträgen für Kirche und
   Schule . . . . . 698 „ 46 „
aus dem jährlichen Beitrage des Herzogs von
   Coburg . . . . 200 „ — „
aus dem Klingelbeutelbetrag jährlich circa . 240 „ — „
aus dem Ertrag von 400 Kirchensitzen à 40 kr. 260 „ — „
aus dem Pachtschilling für den Garten .   50 „ — „

           im Ganzen 1746 fl. 46 kr.

Die sämmtlichen jährlichen Ausgaben, mit Einschluß der Besoldung des anzustellenden Schullehrers, waren auf 879 fl. 10 kr. berechnet; es blieb also noch immer ein Ueberschuß von 865 fl. 36 kr.

Die Bitte wurde am 2. Februar 1847 abschlägig beschieden; es hieß, die schulfähigen Kinder seien zu gering an Zahl, sie könnten wie bisher die katholischen Schulen besuchen und für den Religions-Unterricht sei durch Anstellung eines Vikars (dessen amtliche Bestätigung aber noch immer nicht erfolgt war) ohnehin gesorgt. — Eine zweite Bitte gleichen Inhaltes, welche von der Gemeinde in demselben Jahre noch gestellt worden war, hatte ebenfalls keinen Erfolg.

Da hielt man wieder einmal stille! Denn der Frühling von 1848 brach ins Land herein und der Herr ging in wunderbaren Wegen auch durch unser Oesterreich. Und wenn Gottes Odem rauschend und wehend durch die Städte und Länder zieht, da müssen die Menschen ihm stille halten; und ob auch ein Bruder den andern schlägt und Recht und Gesetz aus den Fugen zu gehen droht, — in Gottes Hand steht das Mittel, durch welches er die Menschheit züchtiget und läutert und am Ende merkt man es doch handgreiflich: so wir uns nur von ihm führen lassen, und Auge und Herz immer auf den rechten Punkt richten, es geht schon zu einem guten Ende! Das Jahr 1848 war so recht ein Merkzeichen, wie der Herr unter dem Sturm und Drang auf Erden dennoch zu seinem Worte und zu seiner Kirche sich in seiner alten Treue bekennt. Auch für unsere evangelische Kirche in Oesterreich war ein Frühling gekommen, es sollte besser werden, neues Leben in die Glieder des Leibes Christi fahren und unter manch anderer Gemeinde sollte auch Linz es erfahren, wie sichs in dem neuen Leben so treulich leben läßt!

Die Pläne gediehen immer weiter und als man 1849 schrieb, wußte Superintendent Steller bereits durch Vogel, daß bereits ein Riß vorhanden sei für ein Schul- und Pfarrhaus, daß man eine Subscription freiwilliger Beiträge zum Bau einleiten wolle und der Superintendent rieth, „daß der Vorstand vor Allem und ohne Verzug bei den politischen Behörden, mit Beziehung auf die von der hohen Hofstelle versagte Bewilligung einer Schule, gleichsam im Rekurswege unmittelbar bei dem Reichstage oder Ministerium des Innern um die Bewilligung einer Schule, sodann um Errichtung eines Pastorat- und Schulhauses einschreite."

Am 17. Februar 1849 wurde der erste Schritt gethan. Der Vorstand zeigte dem Magistrate an, daß der Lehrer Neubert, der zugleich als Cantor angestellt sei, den evangelischen Kindern den nöthigen Gesang- und Elementar-Unterricht im Oratorio ertheilt habe und man jetzt Anstalt treffe, ein eigenes Schul-Lokale herzustellen. Zugleich ging man daran, die Bewilligung zur Erbauung eines zwei Stock hohen Hauses auf dem der Gemeinde gehörigen Grunde, wo bereits die Kirche stand, zu erhalten. Man reichte die Pläne ein, am 3. April 1849 wurde die Bau-Kommission abgehalten und am 25. April die Baubewilligung ertheilt.

Inzwischen hatte man aber auch bereits an die Trennung von der Muttergemeinde Thenning und an die Selbstständigkeit der Gemeinde Linz mit allem Ernste gedacht. Am 16. März 1849 trat der Vorstand der Gemeinde Linz mit dem Superintendenten Steller zu einer Berathung zusammen; in derselben wurde der Vertrag vom 20. März 1845 zwischen Linz und Thenning gekündigt und der Vorstand der bisherigen Filial-Gemeinde erklärte, zur Constituirung eines selbstständigen Pastorates die nöthigen Schritte einleiten zu wollen. Die Gemeinde war gewachsen; theils hatten sich mehrere fremde Evangelische in Linz niedergelassen, theils waren auch zahlreiche Uebertritte vorgekommen. Am 24. April 1849 wurden auf einmal 24 Personen, meist von Gallneukirchen, in die evangelische Gemeinde aufgenommen; überhaupt erreichte die Zahl derer, welche den evangelischen Glauben in Linz annahmen, in den Jahren 1846 bis 1851 die Ziffer von 90. Solcher Zuwachs konnte das

Vertrauen der Gemeinde nur stärken und dieselbe zur Selbstständigkeit führen. Es muß anerkannt werden, daß dem Streben darnach von Thenning aus kein Hinderniß in den Weg gelegt ward; nur wurde in einem Schreiben vom 11. Mai 1849 die billige Bedingung gestellt, daß die Trennung nur dann stattfinden dürfe, wenn die Gemeinde Linz von der Behörde die Bewilligung zur Errichtung eines selbstständigen Pastorates erhalten haben wird.

Am 15. Mai 1849 wurde dem Gemeinderathe von Linz eine Eingabe vorgelegt, in welcher die evangelische Gemeinde auf Grund der vorhergegangenen Beschlüsse und der bestehenden Gesetze die beabsichtigte Trennung mittheilt und ersucht, der Gemeinderath wolle diesem Beschlusse die gesetzmäßige Bestätigung ertheilen. In einer neuen Eingabe vom 2. Juni wurde diese Trennung und Selbstständigkeits-Erklärung nochmals hervorgehoben, zugleich aber auch das unabweisbare Bedürfniß einer Schule ausgesprochen; noch wurde mitgetheilt, daß das in Folge obrigkeitlicher Bewilligung begonnene Haus noch in diesem Jahre (1849) fertig und mit den nöthigen Schul-Lokalitäten versehen sein wird. Zugleich ward gebeten, der Gemeinderath wolle diese Angelegenheiten bei den hohen Behörden unterstützen. Am 21. Jänner 1850 endlich wurde der Gemeinde durch die Bezirkshauptmannschaft eröffnet: „das hohe Ministerium des Cultus und Unterrichtes bewilliget vermöge h. Eröffnung vom 5. Jänner, daß die evangelischen Glaubensgenossen in Linz und dessen Umgebung, welche bisher dem Pastorate Thenning einverleibt waren, sich zu einer selbstständigen evangelischen Gemeinde mit einem eigenen Pastor und einer eigenen Schule constituiren und rücksichtlich den bisherigen Verband mit dem Pastorate Thenning auflösen."

Das war nun Freude über Freude! Linz hatte jetzt mit einem Male Alles, wornach es sich so lange gesehnt, wofür es so lange gekämpft. Es ist augenscheinlich, daß die gute Sache der Linzer evangelischen Glaubensgenossen von dem Augenblicke an eine Wendung zum Bessern genommen hatte und sicher dem ersehnten Ziele zusteuerte, als man sich an die Gemeinde Thenning aufs Engste angeschlossen hatte.

Doch wir müssen einen Rückblick thun! Es hätte schon lange geschehen sollen, aber die Ereignisse drängten zu stark, um den Fortgang der Erzählung aufzuhalten; und wo eine Hemmung eintrat, war sie so unerquicklich, daß man gern wieder vorwärts ging. Hier scheint der rechte Ruhepunkt zu sein. Es gilt die Frage: Wie hat die Anfangs so kleine Gemeinde Linz so große Dinge vollbringen können? Die Antwort gibt das folgende Kapitel.

XIII.
Was doch die Liebe vermag.

Zu allererst muß hervorgehoben werden, daß die Linzer Evangelischen selbst seit Jahren mit aller Macht des Glaubens daran waren, die eigene Kraft bei Ein- und Aufrichtung ihres Kirchenwesens so viel als möglich anzustrengen. Und so ist es recht, so muß es sein! Soll das Gute gelingen, so darf man die Hände nicht müssig in den Schooß legen und warten, bis andere helfen; man muß selber rüstig und mit Gottvertrauen ans Werk gehen, dann segnet der Herr das Wollen mit dem Vollbringen, macht aus dem Kleinen Großes und entzündet auch in Anderer Herzen das Feuer der Liebe. Im Verlaufe dieser Geschichte haben wir die Opferfreudigkeit der Linzer Gemeinde oft kennen gelernt und es braucht dieselbe hier nicht erst von Neuem mit Zahlen und Ziffern nachgewiesen zu werden.

Aber es kamen ebenso gläubige und opferfreudige Helfer. Zuerst aus der Nähe! Da steht die Muttergemeinde Thenning obenan. Nicht wahr, wir begreifen es recht gut: wenn eine Gemeinde sich mit einer Filiale verbunden weiß, von der man mit Bestimmtheit voraussieht, daß sie sich einst trennen will und wird, so macht das einen gewissen wehmüthigen Eindruck — trotz der Freude darüber, daß wieder ein neues Glied in die Kette der Gläubigen sich einfügt. Scheiden thut weh, und darum mag Niemand gern das Scheiden fördern. Als aber die Thenninger mit ihrem Pfarrer den heiligen Eifer in Linz sahen, und sich der alten Zeiten erinnerten, da in Linz eine herrlich blühende evangelische Gemeinde bestanden, und jetzt durch Gottes Hilfe wieder ein Häuflein Gläubiger sich zusammengefunden hatte; und da sie der Zukunft gedachten, in welcher eine junge Gemeinde in der Hauptstadt wiederum erstehen und die lange verschollenen Gottesdienste des Herrn wieder im Schwunge gehen sollten: da suchte man den Schmerz im Herzen durch die Freude zu unterbrücken und half, wo man konnte, und griff zu mit Rath und That. Auch von der Opferfreudigkeit der Thenninger ist schon oben gesprochen worden. Die Linzer anerkannten dieselbe auch dankbar und legten ihren Dank in einem Schreiben nieder, das hier seinen Platz finden soll.

Hochwürdiger Herr Superintendent und k. k. Consistorialrath!

Schätzbare Kirchen-Vorsteher und geliebte Glaubensbrüder der Gemeinde Thenning!

Nachdem wir durch Gottes Hilfe und Beistand endlich unser sehnlichstes Ziel: die Bewilligung der Constituirung einer selbstständigen Gemeinde erreicht haben und sich somit die Zahl der evangelischen Gemeinden Ober-Oesterreichs auf 12 erhoben hat, säumen wir nicht, Sie hievon durch das in Abschrift beiliegende Dekret der k. k. Bezirkshauptmannschaft Linz ddo. 21. Jänner 1850, Z. 426, in Kenntniß zu setzen; und nachdem Sie mit Schreiben vom Pastorate Thenning ddo. 11. Mai 1849, Z. 151, dem Vorstande der evangelischen Filial-Gemeinde in Linz bedeuteten, die Auflösung des bisher bestandenen Verbandes oder die gänzliche Trennung der Filiale von der Muttergemeinde, mithin auch die Selbstständigkeit eines Pastorates in Linz nur dann als zulässig und begründet anzuerkennen, wenn die Vorstände der Filiale mit der von den hohen Behörden erhaltenen Bewilligung bei dem gefertigten Pastorate sich hinlänglich ausgewiesen haben werden, glauben wir Ihren Wünschen entsprochen zu haben und bitten um Ihre Bestätigung in dieser Angelegenheit.

Zugleich fühlen wir uns noch besonders verpflichtet, Ihnen im Namen der hiesigen Gemeinde für Ihr gütiges und bereitwilliges Mitwirken nicht allein in den letzten Jahren, bei dem Kirchen- und Schulbau, sondern von der ersten Entstehung unseres gemeinschaftlichen Zusammenwirkens im Jahre 1833 bis auf den heutigen Tag, an welchem wir Sie als Schwester-Gemeinde begrüßen, unsern Dank abzustatten, welchen wir hiemit nicht nur dem hochwürdigen Herrn Superintendenten für sein gütiges Einbegleiten an die hohen Behörden, und dem im Jahre 1834 gewesenen Kirchen-Vorstande, welcher unseren Wünschen mit so großer Bereitwilligkeit entgegen kam, sondern auch den jetzigen Herrn Vorstehern und jedem einzelnen Mitgliede Ihrer Gemeinde für das bereitwillige Mithelfen zum Gedeihen der neuen Gemeinde aufs Wärmste ausdrücken. Gott aber, der Geber alles Guten, vergelte Ihnen hundertfältig, was Sie für uns gethan haben und noch thun. Lassen Sie uns nun als Schwester-Gemeinde Ihnen auch ferner empfohlen sein und verfügen Sie auch über uns; mit Freuden widmen wir Ihnen unsere, wenn auch noch schwachen Kräfte.

Wir bitten Sie insbesondere, allen Brüdern und Schwestern den Dank unserer Gemeinde bekannt zu geben, und grüßen Sie mit ausgezeichneter Hochachtung und Bruderliebe.

Der Vorstand der evangelischen Gemeinde A. C. in Linz.

Linz, den 29. Juni 1850.

J. C. Vogel.
Fr. Eurich.
Th. Danzmayer.
A. Mittermayer.
J. Kirchmayer.

Aber nicht bloß Thenning, auch die übrigen Gemeinden Oberösterreichs, ja alle Glaubensgenossen im ganzen Consistorial-Sprengel, in Ungarn und Siebenbürgen gaben liebreiche Handreichung durch kräftige Unterstützung. Und erst der Gustav-Adolf-Verein!

Schon vor dem Kirchenbau war besonders durch Vogel, dem Fr. Nebinger und H. Scholler auf das Verdienstvollste und in ununterbrochener Aufopferung zur Seite standen, nach allen Richtungen hin um liebreiche Unterstützung zu dem beabsichtigten Werke geschrieben worden, nicht bloß an Bekannte und Befreundete, sondern auch an die verschiedenen Gustav-Adolf-Vereine. Und nirgends waren die Bittenden zurück gewiesen worden; die

Gaben flossen reich, reicher als man denken mochte. Sowohl die Bitten, als auch die einlaufenden Gelder gingen und kamen nicht durch das Consistorium; dieses fand sich daher veranlaßt, der evangelischen Gemeinde Linz alle Originalschreiben abzufordern, mit welchen sie Gelder vom Gustav-Adolf-Verein empfangen hatte, ja die Gemeinde mußte sich sogar über die Verwendung der empfangenen Gaben vor dieser kirchlichen Behörde ausweisen. Die Linzer Glaubensgenossen thaten, was verlangt wurde.

Um aber die Leser in die reiche Liebesthätigkeit blicken zu lassen, soll hier eine Uebersicht der Einnahmen folgen, mit welchen die Gemeinde Linz ihr Werk ausrichtete, und welche sie in den Jahren 1839 bis 1850 zum allergrößten Theile von fremden Glaubensbrüdern erhalten hat.

		C. Mze.
Kassarest im Jahre 1839 . . .	57 fl.	35 kr.
do. do. 1840 . . .	55 „	10 „
Beiträge von Glaubensgenossen in und um Linz	5000 „	— „
(nebst dem Christusbild für den Altar; Spende von kathol. Freunden in Linz)		
Gemeinde Thenning (nebst Fuhren) . .	1005 „	— „
do. Scharten (nebst Fuhren) . .	683 „	— „
do. Wallern	550 „	— „
do. Wels	327 „	— „
do. Efferding	307 „	— „
do. Neukematen . . .	350 „	— „
do. Attersee (nebst Bauholz) .	143 „	— „
do. Goisern	105 „	— „
do. Gosau	101 „	— „
do. Hallstatt	35 „	— „
do. Rutzenmoos (nebst Bauholz) .	274 „	— „
Beide Gemeinden in Wien (nebst einem vergoldeten Crucifix von einem Wohlthäter)	3421 „	— „
Fürtrag	12413 fl.	45 kr.

Uebertrag	12413 fl. 45 kr.
Sammlung in Preußen	5688 „ — „
Sammlung in Bayern	4024 „ — „
Geschenk des Kaufmanns A. Großkopf zu Asch in Böhmen	1000 „ — „
Vermächtniß nach A. Wollenburg . .	500 „ — „
Vermächtniß nach Wilhelm in Prag . .	300 „ — „
Sammlung in Siebenbürgen	1832 „ 44 „
Sammlung in Ungarn	905 „ 58 „
Sammlung in Böhmen	692 „ — „
Aus der Schweiz	579 „ 14 „
Aus Sachsen	158 „ — „
Aus Elberfeld	1048 „ 39 „
Aus Frankfurt a. M.	333 „ 20 „
Aus Triest	346 „ 24 „
Verschiedene kleinere Gaben vom In= u. Ausland	1000 „ — „
Vom Gustav=Adolf=Verein:	
25. Dezember 1843 vom Central=Vorstand mit Beiträgen von Studenten und Professoren in Halle . . .	720 „ 29 „
Durch Prälat Zimmermann in Darmstadt .	50 „ — „
12. Juni 1844 G. A. V. in Stuttgart .	833 „ 20 „
Zinsen hievon	13 „ 7 „
3. August G. A. V. in Strelitz und Schemnitz	321 „ 26 „
Vom Central=Vorstand (Friedrichsberger Gem.)	285 „ 2 „
Vom G. A. V. in Münster . . .	71 „ 15 „
8. August vom G. A. V. in Altona .	144 „ 44 „
10. Oktober Sammlung im Dom zu Berlin	71 „ 26 „
1. November vom Central=Vorstand . .	4700 „ — „
11. Dezember vom Hilfsverein in Zürich .	250 „ — „
12. Dezember vom Central=Vorstand (mit Beiträgen von Leipzig, Bremen, Bücke=	
Fürtrag	38282 fl. 53 kr.

Uebertrag	38282 fl.	53 kr.
burg, Darmstadt, Dessau, Göttingen, Hamburg, Kiel, Münster, Zittau, Delitzsch u. A.)	3310 „	54 „
30. Jänner 1845 vom Central-Vorstand (mit Beiträgen von Hamburg, Delitzsch, Bielefeld, Bremen, Dessau, Danzig u. A.) .	655 „	23 „
2. Februar vom G. A. V. in Plauen .	141 „	40 „
7. März vom Central-Vorstand (mit Beiträgen von Göttingen, Münden u. A.) .	147 „	40 „
3. November vom Central-Vorstand (mit Beiträgen von Stuttgart, Neustrelitz, Königsberg, Lippe-Schaumburg, Bückeburg, Crefeld)	1398 „	58 „
An Interessen	18 „	— „
26. Dezember vom Central-Vorstand (mit Beiträgen von Stettin, Schleswig-Holstein, Bischofswerda) . .	906 „	— „
3. Juli 1849 vom G. A. V. in Königsberg	945 „	— „
16. Februar 1850 vom Central-Vorstand .	818 „	33 „
Zusammen	46625 fl.	1 kr.

Dazu kommen später bei Gelegenheit des Thurmbaues noch weitere bedeutende Gaben. Ueberhaupt hat Linz von Anfang an bis zum 6. November 1859 an dem allein, wovon der Central-Vorstand Kunde hat, vom Gustav-Adolf-Verein die Summe von 11349 Thlr. 10 Sgr. empfangen. Als die Kirche fertig da stand, war ein Baarfond von 7300 fl. vorhanden!

Wer wollte nun bei solchen Gnadenerweisungen und Liebesführungen Gottes nicht mit ganzer Seele ausrufen: Lobe den Herrn, o meine Seele, und vergiß nicht, was er dir Gutes gethan hat! Und ihr Linzer Brüder und Schwestern, wenn ihr heute zurückblickt auf die vergangenen Tage, nicht wahr, ihr müßt knien und niederfallen und dankend bekennen: Der Herr hat Großes an uns gethan! Ihr müßt euch Jakob vergleichen — da er über den Jordan ging, hatte er nichts als seinen Stab, und als er zurückkehrte, war er zwei Heere geworden! — Aber auch euch, ihr treuen Freunde der evangelischen Kirche, die ihr uns so reich, so überschwenglich reich unterstütztet, auch euch muß das Herz im Leibe lachen, wenn ihr daran denkt, daß ihr, wie für Tausend Andere, so auch für uns Werkzeuge in der Hand Gottes gewesen seid, und unser Werk durch eure mächtige Hilfe gefördert wurde. Wir können es nicht vergelten, aber der Herr wird es thun, und er hat es wohl schon gethan!

Das vermag die Liebe! Wer wollte nun nicht beten, daß das Feuer derselbigen Liebe in seinem Herzen brenne?

Doch wieder zurück zu unserer Gemeinde.

XIV.

Sturm und Friede.

Zu Anfang des Jahres 1850, im Monat Februar, hielten eine Anzahl Mitglieder jene Vollmacht für erloschen, welche den gewählten Vorstehern am 30. Mai 1827 war übertragen worden. Man hob mit Recht hervor: Alles, um deßwillen jene Vollmacht ausgestellt worden war, sei durch die Bevollmächtigten erlangt, nämlich die Constituirung einer selbstständigen Gemeinde, der Bau einer Kirche, eines Schul- und Pfarrhauses, die Anstellung eines eigenen Pfarrers und Lehrers. Ein Schreiben, das mit 100 Unterschriften bedeckt, jene Meinung den Vorstehern auseinandersetzte, veranlaßte diese, ihr Amt niederzulegen und eine neue Vorsteherwahl einzuleiten. Diese Neuwahl wurde vollzogen und dem Vorstande am 6. Oktober 1850 eine neue Vollmacht ertheilt, in welcher neben anderen Bestimmungen, die der Vorstehung einer evangelischen Gemeinde ohnehin gesetzlich zukommen, bereits des Ankaufs eines Grundes zur Anlage eines eigenen Friedhofes und der Errichtung eines Thurmes mit Glocken und Uhr gedacht wird. Unten den Gewählten war wieder J. C. Vogel, neben ihm R. B. Pringle, Joh. Bochshofer, A. Humer und E. Dorn.

Während diese Angelegenheiten sich gestalteten, lief von der Superintendentur das Antwortschreiben auf die oben mitgetheilte Danksagung der Linzer Gemeinde ein; es war vom 4. Februar 1850. Unter andern heißt es dort: „Durch die gegebene Selbstständigkeit ist auch der Herr Vikar Pultar, insofern er laut Hofkanzlei-Dekret vom 12. März 1846 zweiter Vikar des Pastors zu Thenning war, nicht mehr sein Vikar, und da die evangelische Kirchengemeinde Linz mit dem Herrn Pultar bei seiner Berufung die gegenseitigen Bedingungen abgeschlossen hat, so hat dieser für das nunmehrige Pastorat einstweilen bis zur Erwählung, Berufung und Anstellung eines Pastors als Pastoratsverweser zu bleiben, und die Gemeinde zur baldigen Wahl eines Predigers zu schreiten."

Leider sollte die Pfarrerwahl ein Anlaß werden, daß in der neuen Gemeinde sich Meinungsverschiedenheiten aussprachen, die zum Glück nur kurze Zeit dauerten und die heilsame Entwickelung des evangelischen Lebens nicht hinderten. Als man nämlich zur Pfarrerwahl schritt, waren 134 Wähler gegenwärtig, von denen 113 sich für den bisherigen Vikar Pultar als künftigen Pfarrer der evangelischen Gemeinde Linz aussprachen. Dieß gab zur Spaltung Anlaß; das Consistorium, von allen Vorgängen in Kenntniß gesetzt, stellte sich auf den Grundsatz: „Das Wohl des Einzelnen muß dem Wohl der Gemeinde zurückstehen," und bestätigte die Wahl Pultars nicht. Hierdurch wurde der Sturm keineswegs gedämpft. Am 23. Oktober 1851 trat der Vorstand in dieser wichtigen Angelegenheit zusammen und faßte den Beschluß, „den Herrn Pfarrverweser Pultar so lange zu behalten, bis er eine andere Stelle als Pastor erhält und durch das k. k. Consistorium bestätigt ist, unter den nämlichen Bedingungen, wie bisher auch ohne Bestätigung." Als Gründe hiefür wurden angegeben: Der Pfarrverweser sei nicht allein Schuld an dem Zwiespalt, der durch die Wahl entstand, denn Pultar befand sich unter den drei von der Gemeinde zum Pfarrer vorgeschlagenen und erhielt die Bestätigung; auch könne der Vorstand keine zweite Wahl einleiten, weil er kraft Vollmacht nur zur Einleitung Einer Wahl berechtigt ist, und diese als rechtsgültig anerkannt wurde; endlich werde durch eine neue Wahl die Gemeinde in doppelte Auslagen versetzt, da Pultar laut Vertrag vom 27. April 1846 so lange, bis er eine andere Anstellung hat, jährlich auf fünf nach einander folgende Jahre 175 fl. erhalten soll, und der neu zu wählende Pfarrer noch nebenbei besoldet werden muß.

Dieser Beschluß wurde den Gemeindegliedern zur Abstimmung vorgelegt; fast sämmtliche Stimmen fielen demselben zu. Das Ergebniß wurde dem Superintendenten und durch diesen dem Consistorium mitgetheilt — doch ohne Erfolg. Am 2. Dezember 1851 wurde die Gemeinde durch Consistorial-Dekret vom 26. November neuerdings zu einer Pastorswahl aufgefordert. Pultar hatte inzwischen eine Stelle als Pfarrer erhalten. Es schien gewiß, daß auf diesem Wege der Friede wieder gewonnen werde und man einigte sich bald über den Ternavorschlag, der am 23. Februar 1852 an das Consistorium abgesandt wurde; die Namen der Vorgeschlagenen waren: Bernh. Wehrenfennig in Gosau, J. Geyer in Watschig (Kärnthen) und Fr. W. Urbauer, Candidat der Theologie in Wien. Die Bestätigung dieser Terna erfolgte am 15. März, worauf Urbauer zum Pfarrer gewählt wurde und derselbe Mitte Juli jenes Jahres in Linz eintraf. Seit jener Zeit bekleidet der Gewählte das Pfarramt in der Gemeinde Linz, berufen die Heerde Christi zu weiden auf grüner Au, und zu bauen auf dem ewigen Grunde Jesus Christus, auf daß alles Wirken ihm und der ganzen Gemeinde zum ewigen Segen gereiche.

Während dieser Vorgänge hatte sich die Aufmerksamkeit der Gemeinde mit einer gewissen Entschiedenheit auch nach einer anderen Seite gewendet. Das Jahr 1848 hatte Gedanken der Freiheit nicht blos für den Einzelnen, sondern auch für die evangelischen Gemeinden gebracht. Der Gedanke der Gleichberechtigung gewann immer bestimmtere Gestalt; als das erste Zeichen, daß sie von der Regierung nicht versagt sei, war für die evangelischen Gemeinden die Erlaubniß anzusehen, alle drückenden Bestimmungen aus früherer Zeit, bezüglich des Baues der Gotteshäuser, umgehen, denselben auch von Außen das Ansehen von Kirchen geben und sie mit Thurm und Glocken schmücken zu dürfen. Schon in der Vollmacht vom 6. Oktober 1850 war ein möglicher Thurmbau vorgesehen, und der Nachtrag zu dieser Vollmacht vom 2. September 1854 war geradezu im Interesse des Thurmbaues ausgestellt. Die endliche Ausführung des Gedankens wurde aber durch eine die Gemeinde Linz schwer treffende Begebenheit gefördert. Bis hieher hatte nämlich bei Beerbigung evangelischer Leichen die katholische Kirche das Glockengeläute niemals versagt. Es war im Sommer 1851 als der allgemein hochgeachtete, auch in weiter Ferne bekannte*) und um die evangelische Gemeinde hochverdiente Buchhändler Friedrich Eurich starb; das Geläute wurde von der katholischen Geistlichkeit verweigert. Das gab den Ausschlag; der Drang der Gemeinde nach Thurm und Glocken wurde heftiger und stärker, so daß der Vorstand im Juni 1851 den sämmtlichen Glaubensgenossen einen Bauplan vorlegte und sie am 29. Juli zu frei-

---

*) Eurich gehörte unter jene deutschen Männer, die wegen ihrer Vaterlandsliebe und Franzosenhasses von dem Tyrannen Deutschlands, Napoleon, geächtet, 1806 vor ein Kriegsgericht gestellt werden sollten. Eurich flüchtete, wie auch seine Mitangeklagten Merkel, Gastwirth zu Neckarsulm, Jenisch, Commis der Stage'schen Buchhandlung in Augsburg, Kupfer, Buchdrucker und Buchhändler zu Wien. Dem Kriegsgericht in die Hände gefallen war der Weinhändler Schoberer und der Buchhändler Palm aus Nürnberg. Letzterer wurde am 26. August 1806 auf dem Glacis vor dem Salzburger Thor der Festung Braunau erschossen.

willigen Beiträgen aufforderte. 185 Gemeindeglieder zeichneten sogleich eine Summe von 1582 fl. 10 kr. C. M.

Es verging eine ziemliche Zeit, ehe alles Nöthige vorbereitet war, um die Bewilligung zum Thurmbau erlangen zu können; auch die Pfarrerwahl lag dazwischen. Am 4. Februar 1853 kam die Bewilligung der Statthalterei. Am 28. Februar unterzeichneten 111 Mitglieder der Gemeinde eine Erklärung, kraft welcher sie sich verpflichteten, die Kosten des beabsichtigten Thurmbaues in der Art zu decken, daß sie zur Aufbringung der Zinsen für die zum Bau erforderlichen und aufzunehmenden Gelder, und bis zur Tilgung der durch den Glockenthurmbau der Gemeinde erwachsenden Schulden, die von ihnen selbst festgesetzte Betragssumme (500 fl. jährlich) an den jeweiligen löbl. Vorstand zahlen.

Nachdem der Vorstand sich mit einer Anzahl von Vertrauensmännern umgeben hatte, wurde die ganze Bau-Unternehmung nochmals reiflich überlegt; als man erkannte, daß die Kosten des Baues sammt den Glocken auf 27000 fl. sich belaufen dürften, in der Gemeinde aber nur 10—12000 fl. aufzubringen wären, sah man sich abermals genöthigt, die Hilfe der Glaubensgenossen in der Nähe und Ferne in Anspruch zu nehmen. Das Ministerium des Cultus und Unterrichtes bewilligte eine Sammlung im Inlande mit Erlaß vom 18. Oktober 1853. Am 1. Dezember desselben Jahres wurde ein Aufruf um glaubensbrüderliche Unterstützung an alle evangelische Gemeinden Oesterreichs ausgesandt und nochmals gingen Briefe als Boten der Noth hinaus nach Deutschland an die Gustav-Adolf-Vereine. Der Herr hat auch hier geholfen — es ist wiederum reiche Unterstützung gekommen, und zwar von allen Seiten und im Mai 1854 konnte mit Gottes Hilfe der Bau begonnen werden. Materialien waren schon im Winter vorher zugeführt worden, 1600 fl. waren in der Gemeinde gesammelt, ein Darlehen von 3000 fl. aufgenommen worden, und als man mitten im Bau war, kamen auch die Liebesgaben aus der Ferne, so schon in den Jahren 1854 und 1855: 4808 fl., im Jahre 1856:

1894 fl., im Jahre 1857: 2026 fl. — später noch mehr.
Am 23. Juli 1854 fand die feierliche Grundsteinlegung statt.
Bis Ende Oktober wurde wacker gearbeitet und es war Hoffnung
vorhanden, daß der Thurm bis 1856 in allen seinen Theilen
fertig dastehen könne. Aber die vorhandenen Geldmittel waren
zu gering und die eigenen Kräfte schon früher zu stark angespannt
gewesen. Obgleich noch vom Schulbau eine Schuldenlast von
4674 fl. drückte, so mußte jetzt neuerdings eine Summe von
9000 fl. aufgenommen werden. Allerdings war es möglich,
durch die inzwischen reicher eingegangenen Liebesgaben, besonders
aber durch die letzte Sammlung in Bayern diese Schuld bis
auf 2300 fl. zu tilgen, aber der Thurm wurde nicht fertig;
das Mauerwerk war bis zur Dachhöhe der Kirche gekommen —
da mußte der Bau eingestellt werden. Und so, mit einem Noth=
dache versehen, steht der Thurm heute noch da, nur halb vollen=
det, harrend entweder größerer Kräftigung der Gemeinde selbst,
oder neuer Liebesthaten der Glaubensbrüder; jedenfalls aber laßt
uns der Gnade Gottes trauen, der auch dieses zu seiner Ehre
begonnene Werk zu rechter Zeit hinausführen wird. —

Dessen ungeachtet hat die Gemeinde ein schönes Geläute.
Es spannte jeder seine Kraft noch einmal an und Meister Hol=
leberer in Linz goß die drei Glocken für den Thurm der evan=
gelischen Kirche im Gewichte von 32, 18 und 9 Centnern. Am
18. Dezember 1859 Abends fünf Uhr that sich der Menge der
Andächtigen, — Katholiken wie Protestanten — die hell erleuchtete
Kirche auf, es sollte die Glockenweihe stattfinden. Unter dem
Chor hingen sie auf starken Balken, sinnig bekränzt und mit
biblischen Inschriften herrlich geschmückt. Der Spruch Joh. 3, 16
ist auf die Rückseiten aller 3 Glocken vertheilt; außerdem trägt
die große Glocke den Spruch 1. Joh. 4, 16; die mittlere
1. Cor. 16, 13; die kleine Röm. 12, 12. — Nach einem feier=
lichen Wechselgesang (Chor: Vater unser im Himmelreich ꝛc. ꝛc.
Gemeinde: Bringt her dem Herrn Lob und Ehr ꝛc. ꝛc. Chor:
Amen, das ist es werde wahr ꝛc. ꝛc.) eröffnete Pfarrer Kühne

von Efferding die Festfeier mit der Collekte und dem Gebet; Pfarrer Geyer von Thenning sprach das Glaubensbekenntniß und Pfarrer Oertel von Neukematen verlas den 100. Psalm. Nach abermaligem Gesang hielt der Ortspfarrer die Weiherede, in welcher die Namen der Glocken: Glaube, Hoffnung und Liebe, und deren Inschriften besonders hervorgehoben und ausgelegt wurden. An die Rede schloß sich das erhabene „Jehovah, Jehovah, Jehovah ꝛc.‟ vom Chor gesungen, an, worauf Superintendent Sääf den Weiheakt vornahm. Nach demselben sang der Chor folgende von Pfarrer Klebel in Wels zur Festfeier gedichtete Verse:

(Mel.: Sei Lob und Ehr dem Höchsten ꝛc.)

So sind sie denn dir, Herr! geweiht
Zu deines Namens Ehre!
Ihr Schall verkünde weit und breit
Dich, Herr der Himmels-Heere,
Der du nach deiner großen Treu
Mit Heil an jedem Morgen neu
Uns segnest und erfreuest.

Zum reinen Evangelium
Der Seligkeit aus Gnaden
Soll laut für unsers Mittlers Ruhm
Der Glocken Ruf uns laden.
„Vergeßt das Eine nicht, was noth,
„Und laßt versöhnen euch mit Gott!‟
Lehr er uns recht bedenken.

Nach diesem Gesange folgte das altehrwürdige „Nun danket Alle Gott‟, darauf Collecte, Schlußgebet und Segen. Am 19. Dezember wurden die Glocken in den Thurm aufgezogen und am Weihnachtstage zum ersten Mal geläutet, auf daß sie den Frieden verkündigten.

Die Glocken sind schön und zierlich, sie klingen hell und feierlich und laden zum Beten ein: „Gott der Herr ist Sonne und Schild. Der Herr gibt Gnade und Ehre und wird kein Gutes mangeln lassen den Frommen."

Und auf daß auch die Linzer Frauen etwas thäten in der allgemeinen Rührigkeit, sandte Vogel einen Brief an sie, darin er sie bat, sie möchten doch für ein vergoldetes Thurmkreuz ihre Scherflein zusammenlegen. Und wo sich Einer noch an das Frauenherz gewendet hat, da hat er nie eine Fehlbitte gethan. Auch die Linzer Frauen thaten das Ihrige und brachten 270 fl. zusammen, die sich gegenwärtig in der Sparkasse befinden und warten, bis das Zeichen der Liebe und des Friedens auf der Thurmspitze wird aufgerichtet werden können.

XV.

Wie sieht es inwendig in der Gemeinde aus?

Man klagt gar oft, daß die Christen nur so lange Glauben und Liebe halten, als sie in Noth sind und die züchtigende Hand Gottes fühlen; dann aber, wenn wieder die sonnigen und wonnigen Tage kommen, da Gottes Gnadenstrahlen das Leben erleuchten und erwärmen, dann, sagt man, vergessen sie des Glaubens und der Liebe. Ein treuglaubiges Zusammenhalten war in Linz, das ist gewißlich wahr, sonst hätte der Herr die Zeit der schweren Glaubensnoth nicht so herrlich zu einem seligen Ende gebracht. Aber nun die Evangelischen dort Alles haben, wornach sie sich sehnten, und wohl seiner Zeit auch die Thurmspitze im goldenen Glanze schimmern wird, wie steht es jetzt mit dem Glauben und der Liebe?

Am 20. Oktober 1859 fühlte Vogel sich bewogen, sein Amt als Vorsteher der Gemeinde niederzulegen. Bei dieser Gelegenheit verfaßte er ein Danksagungsschreiben an die Brüder und Schwestern in Linz, in welchem es heißt: „Mit dankerfülltem Herzen gegen Gott, den Geber aller guten und vollkommenen Gaben, der da wirket Alles in Allem nach seinem Wohlgefallen, und die Herzen der Menschen lenket wie Wasserbäche, ergreife ich die Feder bei Anlaß meines Austrittes aus dem Vorsteher-Collegium, in welchem ich seit 25 Jahren, vom 7. Dezember 1834 ununterbrochen die Gnade von Gott hatte, als schwaches Werkzeug in der Hand des Herrn, unseres Gottes und Heilandes, für das Wohl und Gedeihen der mir so lieb gewordenen evangelischen Gemeinde in Linz mitwirken zu dürfen, und danke für das große Vertrauen, welches mir bei allen wiederkehrenden Wahlen, so auch bei der in diesem Monat stattgehabten Vorsteher-Wahl, zu Theil geworden ist.... Meinen herzlichsten Dank rufe ich nach Allen für die vielen Liebesgaben zum Kirchen-, Pfarr-, Schulhaus- und Thurmbau, welche mit so großer Bereitwilligkeit, Einhelligkeit und Zustimmung für den jeweiligen Zweck gegeben wurden, wodurch die Gemeinde dem Vorstande Mühe und Sorge erleichtern half, und zum Segen in einerlei Geist und Sinn zur Ehre Gottes für die Nachwelt wirkte. Gott segne Alle zeitlich und ewiglich dafür, denn nur durch dieses gemeinsame, einige Zusammenwirken sämmtlicher Gemeindeglieder und der lieben Glaubensbrüder des In- und Auslandes mit seinem segensreichen Institut der Gustav-Adolf-Stiftung erzielten wir solch schöne Resultate.... Wollen wir auch ferner in Einigkeit zusammenhalten und wirken mit den Gaben, die wir als Haushalter von Gott empfangen haben. Der ewig reiche Gott segne unsere Gemeinde auch ferner, und nehme sie in seinen gnädigen Schutz."

Aus diesen Worten weht uns ein edler Glaube und eine fromme Liebe zu Gott und zu den Menschen an. Sollte diese Sprache keinen Wiederhall gefunden haben in den Herzen der Evangelischen in Linz? Zündet ja doch sonst eine Kohle die andere an: — Vogel's Scheiden aus dem langjährigen Wirkungskreise that Allen weh, die ihn kennen und lieben gelernt hatten, — Scheiden thut ja immer weh! Und das fromme, liebende Gemüth setzt so gern dem Geschiedenen ein Denkmal freundlicher Erinnerung, auf daß die Liebe an der Liebe entzündet werde.

Um jene Zeit lernten die Evangelischen in Oesterreich erkennen, daß viel Jammer und Noth unter den Menschen sei, der durch eine treue christliche Pflege wenigstens theilweise abgeholfen werden müsse. Man kam zu dem Bewußtsein, daß es gelte eine alte, schwere Schuld abzutragen. Die rettende Hand der erbarmenden Liebe mußte zuerst nach jenen Wesen sich ausstrecken, von denen im Laufe der Zeit wohl viele unserer Kirche verloren gegangen waren, nach den Waisenkindern. In Pest machte man den Anfang. Es ging eine heilige Strömung durch das ganze Land, sie kam auch nach Linz. Vogel's Worte hatten wirklich gezündet!

Am 7. November 1859 erhielt Vogel, gleichsam als Antwort auf sein Schreiben, einen mit vielen Unterschriften versehenen Brief, in welchem es heißt: „Durch Ihr an die evangelischen Gemeindeglieder erlassenes Danksagungsschreiben fühlen wir uns veranlaßt, auszusprechen, daß Sie nicht uns, sondern wir Ihnen zu danken haben, für Ihr 25jähriges, unermüdetes, rastlos thätiges Wirken zum Wohl und Segen der Gemeinde, und indem wir uns bemühen, unsern innigsten Dank Ihnen darzubringen, glauben wir es nicht besser thun zu können, als durch eine wohlthätige Stiftung, welche Ihren Namen führen soll, Sie in der Gemeinde zu verewigen. Wir ersuchen Sie, dieß uns gütigst zu gewähren." Noch wurde Vogel aufgefordert, eine solche Stiftung in Vorschlag zu bringen und ins Leben zu rufen.

Der edle Mann war tief gerührt von dieser Liebeserweisung und ging auf das Anerbieten in seiner gewohnten Liebe und im frommen Glauben ein. Er schlug drei Stiftungen vor: Einen Verein zur Pflege evangelischer Waisen in Linz; die Gründung eines Fondes, von dessen Interessen arme, evangelische Kinder am Weihnachtsabend mit Kleidern beschenkt werden; endlich einen Fond, aus welchem für arme Gemeindeglieder das nöthige Winterholz angekauft werden soll. Am 27. November traten die Gemeindeglieder V. R. Pringle, J. Wimmer, C. Fr. Nebinger und E. Dorn mit Vogel zusammen und entschieden sich für die Errichtung einer Waisenstiftung, welche den Namen führen sollte: „Joh. Conr. Vogel's Waisenstiftung für die evangelische Gemeinde Linz." Die genannten Männer constituirten sich zugleich als provisorisches Comité für diese Stiftung. Am 19. Dezember wurden die Statuten nach denen der Pester Waisenstiftung entworfen und am 8. Jänner 1860 an das Statthalterei-Präsidium das Ansuchen gestellt, die Errichtung dieses Vereines der christlichen Liebe zu bewilligen, und zugleich den Statuten die Genehmigung zu ertheilen. Am 25. Juli 1860 wurde die Errichtung des Vereines zur Versorgung evangelischer Waisen unter dem Namen: „Joh. Conr. Vogel's Waisenstiftnng der evangelischen Gemeinde Linz" bewilligt, und am 17. August 1860 erfolgte die Genehmigung der Statuten.

Alsogleich, am 22. August ging man an die Constituirung des Vereines; Vogel selbst widmete demselben den Betrag von 200 fl., seine Gattin 100 fl.; Aufforderungen zum Beitritt ergingen an alle Gemeindeglieder, Bitten um Unterstützung des christlichen Liebeswerkes auch in die Ferne und so kam unter Gottes Gnade der Verein zu Stande. Die erste General-Versammlung wurde am 15. November 1860 gehalten und alsogleich drei Waisenkinder, jedes mit jährlichen 30 fl. öst. W. unterstützt. Am 31. Jänner 1861 betrug das eingezahlte Kapital bereits 537 fl. 20 kr.

Der Anfang ist klein; aber der Herr wird auf das Werk und auf jene seinen Segen legen, die es ihm zu Lob und den armen Kindern zu Frommen unternommen haben, und es fördern. Was solchen Kindern gethan wird, das will ja der Herr so ansehen, als wäre es ihm gethan! Der Anfang ist klein; aber der Herr hat Macht aus dem Kleinen ein Großes zu schaffen, und wer von uns will sagen, was klein oder was groß ist im Reiche Gottes? Und wenn der Verein euch wirklich klein dünket, nun so thut das eure dazu und machet ihn größer, seht die Kreuzer und die Gulden für dieses Liebeswerk nicht zu lange an, gebt sie freudig hin, ihr leiht dem Herrn, der vermag es, tausendfältig wieder zu geben. — Man hat sich an dem Namen des Vereines gestoßen. Ihr Christenleute! so lange wir auf Erden leben, wird immer Menschliches an unsern Gotteswerken kleben; seht nicht auf den Namen, seht auf die Sache, und rüttelt nicht an ihr — es liegt ein Segen darin! Auch dieses Büchlein will dem Vereine dienen. —

Das ist Ein Zeichen des lebendigen Glaubens und der thätigen Liebe in Linz! — Im Laufe des Jahres 1860 haben wir durch die Gnade Gottes und die Güte des Kaisers Glaubens- und Gewissensfreiheit erhalten. Es ist uns die Bildung von allerlei christlichen Vereinen gestattet. Seit lange seufzen wir darnach, endlich auch Gustav-Adolf-Vereine haben zu können. Nun haben wir sie. Auch Linz hat den seinen. Ist das nicht ein neues Zeichen des Glaubens und der Liebe? Ja, ihr Linzer Glaubensgenossen! bisher habt ihr bloß empfunden, wie wohl es thut, die Liebe Anderer zu erfahren. Und das ist ein Großes, denn es bereitet das Andere vor: nun selber die Liebe zu üben und durch Liebeswerke die Herzen der Brüder fröhlich zu machen. Soll euch dieß Büchlein erst mahnen, den Gustav-Adolf-Verein unter euch als ein liebes Gotteskind zu pflegen? Nein, sagt ihr, das braucht's nicht! — und ihr habt Recht. Aber wenn Eines unter euch lässig werden wollte in der Liebe, dann reicht ihm dieses Büchlein dar, darin soll er lesen von der Liebe, die ihr erfahren, und dann — nun ich sag's noch einmal: eine Kohle zündet die andere an!

Wir sind am Schluß, lieber Leser! Laß noch einmal die Jahrhunderte, durch welche ich dich hindurchgeführt habe, an deiner Seele vorüberziehen und merke, wie der Herr erhöhen aber auch niederwerfen und wieder herausreißen kann aus der

Tiefe der Noth. Dessen ist ein lebendiges Zeugniß die Gemeinde Linz. Was da geschehen ist, es ist ein Werk des Herrn. Ja, der Herr hats gethan, die Menschen — Freunde und Feinde unserer Sache — sie waren und mußten sein Werkzeuge in seiner Hand, auf daß die Ehre des Höchsten offenbar werde. Wir aber wollen danken und nicht müde darin werden; danken dem lieben Vater im Himmel, daß er uns eine Stätte bereitet hat, da wir mit Menschenbanden und mit Liebesseilen zu ihm gezogen werden; danken dem Herrn Jesus Christus, daß er durch sein theures Evangelium uns so treue Freunde erwecket hat, die uns die Kirche bauen halfen und wills Gott wohl auch sein Reich unter uns; danken dem werthen heiligen Geist und ihn bitten, daß er uns niemals vergessen lasse der Gnade und Liebe Gottes, die an uns ist offenbar worden. Und danken wollen wir den lieben theuren Brüdern und Schwestern allen, die uns so freundlich in unserer Noth beigesprungen sind und auch mit uns gebetet haben: Herr hilf! laß wohl gelingen! — Er hat geholfen, es ist gelungen, „nun danket alle Gott!"

Und dieweil jedes christliche Buch mit einem treuherzig gemeinten, kernhaften Worte schließen soll, so wollen wir auch ein solches noch hieher setzen. Wir wüßten aber im Augenblick kein besseres, keines, das einen tieferen Sinn hätte, als Luthers Kraftwort:

<blockquote>
Ein feste Burg ist unser Gott —
Das Wort sie sollen lassen stahn!
</blockquote>